MÉMOIRE

ADRESSÉ A LA CHAMBRE DES DÉPUTÉS,

A L'OCCASION DU

PROJET DE LOI CONCERNANT LE RÉGIME DES ESCLAVES

DANS LES COLONIES FRANÇAISES.

IMPRIMERIE DE GUIRAUDET ET JOUAUST,
rue Saint-Honoré, 315.

ÉMANCIPATION.—TRANSFORMATION.

LE SYSTÈME ANGLAIS.—LE SYSTÈME FRANÇAIS.

MÉMOIRE

ADRESSÉ A LA CHAMBRE DES DÉPUTÉS

A L'OCCASION DU

PROJET DE LOI CONCERNANT LE RÉGIME DES ESCLAVES

DANS LES COLONIES FRANÇAISES.

PAR M. LE COMTE DE CHAZELLES,

DÉLÉGUÉ DE LA GUADELOUPE.

.... Celui qui a étudié les faits sur les lieux, témoin des soucis de l'un et de la quiétude de l'autre, a pu comparer les tribulations du propriétaire colon et les jouissances du propriétaire métropolitain Alors il aura compris pourquoi le Conseil colonial de la Guadeloupe disait, dans une adresse au roi, qu'*il élèverait des autels à celui qui trouverait le moyen de concilier la liberté et le travail.*

PROCÈS-VERBAUX DU CONSEIL COLONIAL DE LA GUADELOUPE, nov. 1840, p. 182.

Paris,

IMPRIMERIE DE GUIRAUDET ET JOUAUST,

RUE SAINT-HONORÉ, 315.

1845

A M. LE PRÉSIDENT ET A MM. LES MEMBRES

DE LA CHAMBRE DES DÉPUTÉS.

Messieurs,

Le projet de loi concernant le régime des esclaves
embrasse la grande question sociale qui, de nos jours,
a le plus appelé les méditations des philosophes et
des législateurs.

Homme des colonies, choisi par l'une de nos Antilles pour en représenter les besoins et les intérêts
dans la métropole, je viens apporter, sur le grave
sujet qui s'offre à vos débats, mes réflexions et le tribut de mon expérience.

En mêlant ma voix à cette discussion solennelle,
j'exprime des convictions sincères, fondées sur une
longue connaissance des hommes et des choses.
J'aurai atteint le but que je me suis proposé si je
puis convaincre les représentants de la France que
les colons veulent le progrès qui moralise, et ne se

1

refusent qu'aux innovations dont ils comprennent le danger.

J'ai l'honneur d'être avec le plus profond respect,

Messieurs les députés,

Votre très humble et très obéissant serviteur,

A. CHAZELLES.

AVANT-PROPOS.

La question de l'émancipation des esclaves ne peut être traitée à tous ses points de vue dans une brochure de quelques pages. Le côté philosophique n'est pas en cause. Les grands intérêts politiques et économiques, commerciaux et maritimes, qui se rattachent à la solution du problème, sont du ressort de la tribune nationale.

Le droit constitutionnel des colonies avait été réglé, limité, mais fixé, en exécution de la Charte. Le projet de loi *concernant le régime des esclaves* modifie, altère profondément le régime législatif de 1833, sans rétablir celui que la Charte de 1830 avait fondé. L'omnipotence n'est pas l'infaillibilité ; mais la puissance des majorités est irrécusable.

Si les colons, en présence d'une volonté plus forte que leur droit constitutionnel, ont encore le devoir d'éclairer les pouvoirs politiques de la métropole, de leur offrir le tribut des connaissances des choses de leur pays, ils n'ont pas à s'occuper de libelles dont souvent l'à-propos trahit l'origine ; ils ne peuvent empêcher que certains hommes n'éprouvent le besoin de rendre en calomnie ce qu'ils ont reçu de dédain.

De graves accusations ont été portées....... Quand elles se produisent dans les Chambres, c'est à la tribune qu'il y aurait convenance d'y répondre.

Un mot néanmoins. Les auteurs du projet de loi, les

orateurs qui l'ont soutenu à la Chambre des pairs, tous ont déclaré qu'il s'agissait de consacrer *le fait*, de légaliser les améliorations, les progrès que les colons avaient réalisés de leur propre mouvement, et malgré la législation qu'ils tenaient de la métropole.

La justification est complète.

MÉMOIRE.

.... Celui qui a étudié les faits sur les lieux, témoin des soucis de l'un et de la quiétude de l'autre, a pu comparer les tribulations du propriétaire colon et les jouissances du propriétaire métropolitain. Alors il aura compris pourquoi le Conseil colonial de la Guadeloupe disait, dans une adresse au roi, qu'*il élèverait des autels à celui qui trouverait le moyen de concilier la liberté et le travail*.

PROCÈS-VERBAUX DU CONSEIL COLONIAL DE LA GUADELOUPE, nov. 1840, p. 182.

LE PROBLÈME COLONIAL.

Le problème social que le gouvernement a soumis aux Chambres (1) consiste à substituer *le travail salarié* de l'ouvrier libre au *travail obligé* de l'ouvrier esclave.

La solution du problème est aussi difficile que les données en sont simples :

La liberté est *le but* qu'il faut atteindre ; l'émancipation des noirs est *la fin*, la constitution du travail salarié *le moyen*.

L'histoire apprend que la marche progressive de la civilisation a fait cesser la servitude, a conduit les peuples à la liberté civile, puis à l'émancipation politique. Il n'en est plus ainsi : c'est désormais l'émancipation civile et politique qui doit mener à la civilisation.

L'application de la nouvelle théorie n'a point eu, jusqu'à ce jour, d'heureux résultats. On peut craindre que la république noire d'Haïti ne soit le *spécimen* des nouvelles sociétés coloniales ; mais l'expérience ne paraît encore ni complète ni concluante : elle se continuera à la Martinique, à la Guadeloupe, à la Guyane et à Bourbon, au préjudice de l'in-

(1) Projet de loi tendant à modifier les art. 2 et 3 de la loi du 24 avril 1833 sur le régime législatif des colonies. Ce projet de loi, présenté le 14 mai 1844 et voté par la Chambre des pairs le 12 avril 1845, a été porté le 19 à la Chambre des députés.

dustrie, du commerce, de la navigation et de la puissance navale de la France.

L'émancipation *simultanée* ou *graduelle* détruit instantanément ou successivement l'ordre de choses existant. L'abolition de l'esclavage est l'un des deux termes du problème, elle n'en est pas la solution.

Abolir l'esclavage est facile : un article de loi voté par les deux Chambres y suffit. La difficulté du problème consiste à remplacer l'esclavage.

L'Angleterre a cru pouvoir suppléer au temps par la puissance. L'Angleterre s'est trompée ; elle n'a vaincu la résistance des hommes que pour aller se heurter à la nature des choses. Le bill du 28 août 1833, pour l'abolition de l'esclavage dans les colonies occidentales et à Maurice, a détruit *le travail obligé* de l'ouvrier esclave, sans y avoir substitué *le travail salarié* de l'ouvrier libre :

« *Les colons n'ont pu se procurer le travail des noirs, malgré l'offre des salaires exorbitants, énormes, extravagants* (1). »

L'Angleterre n'a donc pas résolu le problème. La solution reste à trouver ; mais le problème, qui n'est qu'ardu avant, devient menaçant après l'émancipation des esclaves.

L'esclavage n'a qu'une raison d'être : la nécessité (2).

Que le travail salarié se constitue, et l'esclavage disparaît par cela seul qu'il cesse d'être nécessaire.

Le travail salarié s'établit aussitôt que la société en accomplit les conditions.

Dès lors la voie de la transformation est indiquée. Il s'agit de l'explorer, de rechercher quelles sont les conditions indispensables à l'établissement du travail salarié, et d'en doter les colonies.

M. le ministre des affaires étrangères disait le 4 mai 1844 à la tribune de la Chambre des députés :

(1) Lord Stanley, ministre des colonies, séance de la Chambre des communes, 22 mars 1842.

(2) Celle de conserver le travail, sans lequel il n'y a ni civilisation ni société.

« Je crois qu'il importe à l'intérêt du pays d'éviter les fautes qui ont été commises. Nous profiterons de l'expérience anglaise, et nous atteindrons le but que l'Angleterre a atteint (1). »

Quelles ont été *les fautes* commises et quel a été *le but* atteint par l'Angleterre ?

Les adversaires du régime colonial se prononcent, les uns pour l'émancipation *simultanée*, les autres pour l'émancipation *graduelle* ; ils sont tous partisans de la transformation sociale par voie d'abolition du travail esclave, ou instantanée avec l'affranchissement général, ou successive avec la manumission individuelle. L'un et l'autre mode appartiennent également au système anglais. Le *but* atteint par l'Angleterre, considéré abstractivement, est celui auquel tend toute société. Le but...., est-ce la liberté civile et politique acquise aux Africains par le bill de 1833 ? Alors nulle contestation.....

S'il s'agit de profiter de l'expérience anglaise, ce sont les effets actuels et les conséquences ultérieures de l'émancipation qu'il importe d'apprécier.

SYSTÈME ANGLAIS.

PROBLÈME MAL POSÉ, MAL RÉSOLU.

ABOLITION DE LA TRAITE. — PÉRIODE DE PRÉPARATION : LES ORDRES EN CONSEIL. — ÉMANCIPATION SIMULTANÉE : BILL DU 28 AOUT 1833.

1re PHASE. — *Abolition de la traite.*

L'intérêt anglais, la philanthropie de l'Angleterre, si l'on veut, eut tout le mérite de l'abolition du trafic des esclaves de la côte occidentale de l'Afrique. L'intervention étrangère n'y eut aucune part.

Les premières attaques dirigées contre la traite des noirs datent de 1788, et « en 1807, après 19 ans d'une ardente

(1) M. Guizot, discussion de la pétition des ouvriers de Paris, *Moniteur* du 5 mai 1844.

polémique, la traite fut abolie par acte du parlement (1). »

Les documents de l'époque font connaître que les colons avaient depuis long-temps exprimé le vœu que la traite cessât (2). Le gouvernement n'y accéda que tardivement, et après que la traite eut pourvu les colonies de tous les bras nécessaires à la production.

L'acte qui prohibait le transport des esclaves africains dans les Indes occidentales eut immédiatement son plein effet, parce que la traite y avait accompli sa mission : les esclaves étaient en nombre suffisant ; le rapport des sexes, convenablement établi, devait maintenir la population par les naissances.

2ᵉ PHASE. — *Préparation : les ordres en conseil.*

Le 15 mai 1823 M. F. Buxton, d'après le désir de son collègue M. Wilberforce, fit une motion qui saisit le parlement de la question de l'abolition de l'esclavage (3).

M. Canning, alors ministre, *faisant valoir les considérations d'une juste prudence dans une matière d'une telle gravité* (4), obtint que la motion de M. Buxton fût amendée, fût profondément modifiée dans ce qu'elle avait de trop explicite.

(1) *Introduction au Précis de l'abolition de l'esclavage dans les colonies anglaises,* Publication du ministère de la marine, année 1840, p. 1.

(2) Le commerce métropolitain, auquel la traite rapportait de gros bénéfices, ne se résigna pas facilement à y renoncer. La période de la lutte entre les idées philanthropiques et les intérêts commerciaux fut marquée par une recrudescence inouïe du trafic des esclaves. C'est alors que M. Wilberforce, organe d'un comité d'enquête, déclarait que les navires négriers avaient résolu le problème « de la plus grande somme de misères humaines contenues dans le plus petit espace donné ». Il s'agissait, bien entendu, des navires négriers *anglais.*

(3) *Introduction au Précis de l'abolition de l'esclavage,* etc., p. 3.

(4) *Id.,* p. 3.

De la motion de M. Buxton date, pour les colonies anglaises, la période de *préparation*. Les mesures dites préparatoires sont connues sous la dénomination d'*ordres en conseil* (1).

Le vote du parlement britannique mit les populations coloniales en effervescence.

« Une grave insurrection éclata à Demerary le 18 août 1823, à la lueur des habitations incendiées. L'année suivante, des révoltes eurent lieu à la Jamaïque ; elles furent réprimées et suivies de plusieurs exécutions à mort (2).

Les *ordres en conseil* ne purent être promulgués que dans les colonies de la couronne, c'est-à-dire dans les colonies que la conquête avait mises sous la domination britannique : la Trinité, Berbice, Demerary, le cap de Bonne-Espérance, Honduras, Sainte-Lucie et Maurice.

Le travail y fut promptement désorganisé.

Les colonies d'origine anglaise (3) résistèrent à la pression du *gouvernement* métropolitain.

3ᵉ ET DERNIÈRE PHASE. — *L'émancipation simultanée : le bill du 28 août 1833.*

Pour vaincre la résistance des colonies à législature (4), le gouvernement proclama *le principe* de l'abolition de l'esclavage.

« En approchant du terme des mesures préparatoires qui devaient précéder l'émancipation, le gouvernement métropolitain pensa qu'il devait donner l'exemple aux colonies. Il dé-

(1) *Les ordres en Conseil* se trouvent dans l'*Introduction au Précis de l'abolition de l'esclavage*, 1840, p. 18.

(2) *Introduction au Précis de l'abolition de l'esclavage dans les colonies anglaises*, 1840, p. 17.

(3) Les colonies d'origine anglaise jouissent du régime représentatif ; elles ont chacune leur charte.

(4) Les colonies d'origine anglaise.

cida en principe , en 1831 , l'affranchissement immédiat et général des esclaves de la couronne (1). »

Le coup était porté ; il retentit douloureusement. La proclamation du *principe*, et la première application qu'il reçut
dans la personne des esclaves de la couronne (2), produisirent
partout la plus vive agitation. L'insurrection éclata, le sang
coula à la Jamaïque en décembre 1841 (3).

« La situation ne parut pas pouvoir se prolonger sans pé-
ril (4). »

Un comité d'enquête fut institué sous la présidence de lord
John Russel. Le rapport de ce comité, présenté le 11 août
1832, concluait ainsi qu'il suit :

« Les faits recueillis révèlent une situation qui réclame *la
plus prompte et la plus sérieuse attention.* »

« Le gouvernement se trouvait réduit à la grave alternative,
ou de revenir sur ses pas en s'exposant à soulever la population esclave, trompée dans l'espérance d'une liberté prochaine
et promise, ou d'employer contre les colons des moyens extrêmes (5). »

Dans la séance du 14 mai, lord Stanley, secrétaire d'État
des colonies, saisit le parlement du projet d'abolition de l'esclavage.

Le 28 août 1833 le bill d'émancipation fut sanctionné par
la couronne.

LES FAUTES DE L'ANGLETERRE.

La voie de la transformation des sociétés est longue, obs-
cure, semée d'écueils ; il ne fallait s'y aventurer qu'avec len-

---

(1) *Introduction au Précis de l'abolition*, etc., 1840, p. 28.
(2) Les esclaves de la couronne étaient des noirs de traite con-
fisqués.
(3) M. le duc de Broglie assigne la date de 1832 : « Deux cents
personnes périrent sur le champ de bataille ; plus de 500 noirs furent exécutés. » *Rapport*, p. 11.
(4-5) *Introduction au Précis de l'abolition*, etc., 1840, p. 311

teur et précaution. L'Angleterre eut le tort, une fois le but marqué, de prétendre y atteindre rapidement et directement. La première faute de l'Angleterre fut de croire qu'il suffisait de vaincre la résistance des maîtres, dont elle avait méconnu les motifs ; la seconde fut de procéder par désorganisation et abolition du travail obligé. Cette faute était irréparable. L'Angleterre, après l'émancipation, a tenté de constituer le travail volontaire ; elle n'a point réussi, elle ne pouvait réussir : il fallait le temps.... La ruine n'attend pas.

RÉSULTAT DE L'ACTE D'ÉMANCIPATION.

Les chiffres de la statistique officielle ont souvent été produits pour démontrer les effets de l'émancipation dans les possessions occidentales de l'Angleterre. On les conteste, on les admet, selon que l'on est partisan ou adversaire, non de l'émancipation comme principe (tout le monde voudrait pouvoir en faire l'application, colons et métropolitains), mais du système de transformation sociale pratiqué par l'Angleterre. On groupe les chiffres ou bien on les divise ; on réunit la production des Antilles et celle de Maurice ; on cite Antigue en opposition à la Jamaïque, pour le besoin de la cause que l'on défend. L'un dit un quart, l'autre un tiers : les déclarations officielles montrent que le déficit de la production est de moitié.

Il faut écarter Maurice (1) du débat, puisqu'il s'agit de constater le produit du travail des Africains émancipés, et

(1) Maurice était de toutes les colonies anglaises celle qui offrait le plus d'analogie avec les colonies françaises : la population y était au même degré de civilisation, le nombre des ouvriers dans le même rapport avec la somme des produits ; il y avait identité dans les conditions d'étendue et de fertilité du sol, dans les habitudes industrielles, dans la culture, dans la fabrication et dans la manière dont la propriété était répartie. Si la production n'a pas diminué, c'est que des travailleurs indiens ont remplacé les travail-

qu'à Maurice ce sont les Indiens *engagés* qui produisent.

D'après M. le duc de Broglie , les récoltes des Indes occidentales avaient atteint 220 millions de kilogrammes de sucre pendant l'esclavage (1). La moyenne des sept dernières années , 1828 à 1834 , a été de 200 millions (2). La production , de 178 millions qu'elle était encore en 1838 , dernière année de l'apprentissage , était tombée à 107 millions en 1841 , troisième année du régime de la liberté (3).

leurs africains. La Guadeloupe, sur une population de 92,000 (*a*) esclaves, n'a que 36,000 ouvriers qui cultivent la canne. Maurice, dans le même rapport, sur une population de 66,000 esclaves, devait avoir 25,000 ouvriers producteurs de sucre. 41,000 (*b*) Indiens ont été introduits à titre d'engagés ; il est d'ailleurs bien constaté que le travail des Africains a cessé depuis que la liberté leur est acquise. La misère, venue à la suite de l'oisiveté, a conduit l'abrutissement : la population africaine de Maurice est décimée par le vice. L'émancipation a donc complétement échoué à Maurice au point de vue moral comme au point de vue matériel. Les propriétaires y sont menacés d'une ruine tout aussi imminente que dans les colonies occidentales. Le chiffre des produits importe peu ; ce sont les conditions de la production qu'il faut apprécier.

Le département de la marine a dû être renseigné sur la situation matérielle et morale de Maurice par M. le baron de Roujoux, qui y a fait récemment un voyage.

(1) Année 1828 : 219,035,975 kil. — *Rapport* de M. le duc de Broglie, page 380.

(2) 201,432,363 kil. *Rapport*, page 380.

(3) 1838 : 178,813,419 kil.

1841 : 107,433,926 kil. *Rapport*, page 380.

La canne à sucre donne trois récoltes dans les terres ordinaires. Le nombre des récoltes successives est plus considérable dans les terrains très fertiles. Certains champs de la Trinidad produisent vingt-cinq années sans avoir été replantés.

(*a*) 92,639 esclaves. — *Revue coloniale*, septembre 1841, pages 26 et 27.

(*b*) 41,191 coolis en 1842. (Mémoire de M. C.-A. de Challaye ; *Revue coloniale* d'août 1844, page 568.

Lord Stanley a dit, le 22 mars, que la production des Indes occidentales était descendue de 195 à 110 millions de kilog. de sucre (1).

Les derniers documents donnent, pour l'année 1843, 125 millions, et, en 1844, 122 millions de kilog. (2).

La production se serait donc un peu relevée, grâce aux 50,000 (3) travailleurs que les Indes occidentales ont recrutés

(1) De 390,503,400 à 221,022,600 livres. (Chambre des communes, séance du 22 mars 1842.)

(2) Année 1843 : 2,503,577 quintaux de sucre.

1844 : 2,444,811 quintaux de sucre. (*Revue coloniale* de mars 1844, page 270.)

(3) Le chiffre officiel de 1843 était 35,148, répartis ainsi qu'il suit :

Jamaïque	5,749
Guyane	19,818
Trinidad	7,845
Saint-Vincent	136
Sainte-Lucie, immigrants et réfugiés.	792
Dominique, id. id.	808

(Documents présentés aux deux Chambres du Parlement.)

C'était en 1843 le chiffre *constaté* des engagements volontaires ; mais il n'était pas fait état des esclaves de la couronne libérés et des nègres introduits avant que l'*engagement* fût à l'état de *système* adopté comme dernière planche de salut.

L'immigration a reçu, depuis, une grande impulsion des subsides votés et des emprunts contractés par les colonies anglaises. On sait en outre que l'ordre a été donné de conduire aux Indes occidentales tous les nègres de traite que capturent les croiseurs. Le chiffre de 50,000 est probablement au dessous de la réalité.

La population esclave émancipée en 1834 était, dans les 15 colonies à sucre de l'Amérique (les Bahamas, les Bermudes et Honduras, non compris), de 623,124 (a) ; le nombre des ouvriers produc-

(a) *Précis de l'abolition de l'esclavage*, 1840, page 83.

en Asie et en Afrique, qu'elles ont surtout reçus de l'Afrique.
Il n'en est pas moins constant que de 220 millions, maximum
du travail esclave, à 125 millions, maximum du travail libre,
la différence est encore bien près de moitié.

Le chiffre est utile à constater pour apprécier la somme de
travail obtenue, et comme terme de comparaison entre le travail esclave et le travail volontaire; mais ce n'est point la réduction seule des produits qui explique la ruine des colonies
occidentales. Les sucres se cotaient 61 fr. 34 cent. les 100 kil.
en 1834; les prix s'étaient élevés à 120 fr. 83 cent. en 1840 (1).
Nonobstant la faiblesse des récoltes, le revenu *brut* des propriétés n'avait pas diminué. Le consommateur métropolitain
supportait les frais de l'expérience, et le producteur colon,
dont une partie du capital avait été amortie par l'indemnité,
eût fait d'excellentes affaires s'il n'avait eu d'autres causes de
ruine que la réduction des produits. Ce n'est pas le revenu
brut, c'est le revenu *net* qui fait la prospérité. Il eût été facile
d'expliquer comment avait été rompu l'équilibre entre la re-
cette et la dépense, seule cause, mais cause toujours infaillible
de ruine. On l'a cherchée où elle n'était pas, pour se donner
l'avantage d'accuser les colons anglais (2).

Les causes qui ont ruiné la propriété et le producteur sont :

1° L'exagération des salaires;

2° L'irrégularité du travail qui en augmente le taux;

teurs de sucre, dans le rapport de la population de la Guadeloupe
(36 sur 92), n'était donc que de 243,828 : ainsi les engagés introduits sont déjà dans le rapport d'un à cinq de la population qui cul-
tivait la canne et fabriquait le sucre.

(1) C'est le prix des sucres à l'entrepôt. (*Rapport* de M. le duc de
Broglie, p. 380.

(2) M. le comte de Montalembert, séance de la Chambre des
pairs du 7 avril. — Voir la réfutation par M. Jollivet, membre de
la Chambre des députés et délégué de la Martinique : *Les Colonies devant les Chambres*, p. 55 et suiv., imprimerie de Guiraudet et Jouaust, 315, rue Saint-Honoré, année 1845.

3° L'élévation subite du prix de toutes choses résultant de l'exagération des salaires ;

4° Le vol, la rapine, la dévastation de la propriété (1).

Quoi qu'il en soit des causes, l'effet est positif : la production ne s'est obtenue qu'à des conditions onéreuses ; l'équilibre a été rompu entre la valeur des produits et les dépenses de production ; la ruine du producteur s'en est suivie (2).

On ne conteste pas qu'il y ait *malaise*, que la ruine du propriétaire soit *probable* : c'eût été impossible ; mais l'on se fait ce raisonnement en France :

La production diminuant, les petites usines et celles défa-

(1) Voir le *Rapport du Comité de la législation d'Antigue* cité plus loin, fin de la note (1), p. 27.

(2) La ruine des producteurs ne saurait être plus contestée que la réduction des produits. Celle-ci est établie par des chiffres et celle-là par des déclarations officielles dont l'autorité est irrécusable. — Voir le discours de lord Stanley, ministre des colonies, séance du 22 mars de la Chambre des communes ; les aveux de lord John Russell, de lord Brougham, de M. Gladstone, ancien ministre du commerce, de sir Robert Peel, etc. ; l'enquête parlementaire instituée en 1842 ; les rapports de M. Halley, capitaine de corvette ; de M. Layrle, capitaine de vaisseau ; l'ouvrage de M. le contre-amiral Laplace ; l'opinion de M. le baron de Mackau dans la séance de la commission des affaires coloniales du 28 février 1843 ; la lettre de M. Calhoun, ministre des affaires étrangères des États-Unis, etc., etc.

Si la ruine paraissait imminente alors que le cours du sucre était à 120 fr. 83 cent., il est évident qu'elle sera promptement accomplie au cours actuel de 75 fr. les 100 kilog. à l'entrepôt de Londres (cours officiel du 8 août donné par la *Gazette royale*). L'Angleterre en a pris son parti. Elle s'est décidée à alléger la charge du consommateur, quand elle a vu que sa navigation, objet de toute sa sollicitude, allait en recevoir le contre-coup, que le sucre de betterave se produisait, grandissait à la faveur de l'élévation des prix ; elle n'a plus hésité sitôt que le tableau des taxes indirectes lui a montré, dans une seule année, 600,000 fr. d'impôt payés par la production indigène.

vorablement placées cesseront de travailler ; tant pis pour les petits propriétaires, pour les producteurs gênés, déjà endettés. Les grandes usines diminueront de valeur. Vienne l'expropriation forcée, et le revenu des nouveaux acquéreurs sera en rapport avec les capitaux qu'ils auront engagés. Ultérieurement, la concurrence relevant les cours par suite de l'appauvrissement des marchés de consommation, les conditions du travail s'équilibrant, la production reprendra la progression ascendante (1).

C'est compter sans le temps et la betterave : la ruine aura marché plus vite que la reconstruction des éléments du travail (2) ; le sucre indigène comblera successivement et progressivement le vide du sucre colonial.

Si l'on suppose qu'une grande propriété de 5 ou 600,000 fr. doive encore donner un revenu de 5,000, même de 10,000 fr., après l'émancipation, il est propable que le grand propriétaire, dont les affaires, les habitudes, les dépenses, sont en raison d'un revenu triple, s'endettera, et que l'expropriation forcée ne tardera pas à liquider sa situation. Mais il faut peu connaître la multiplicité des soins qu'exige l'exploitation d'une grande propriété coloniale, le nombre des embarras, des soucis, des dégoûts qu'elle donne, et toutes les chances précaires qu'elle offre, pour croire qu'il se présentera des acquéreurs sérieux.

D'ailleurs est-ce bien sur des hypothèses aussi fragiles que l'homme d'état peut fonder le succès d'une grande mesure ?

Cette digression n'est pas inutile, elle se rattache au sujet, car elle fait pressentir le sort que l'émancipation des esclaves réserve aux propriétaires des Antilles et de Bourbon.

Celui des colonies anglaises est sur le point de s'accomplir,

(1) La pensée de cette théorie économique appartient au *Rapport* de M. le duc de Broglie.

(2) Exemple : les colonies occidentales de l'Angleterre, malgré l'indemnité, le haut prix des cours et l'introduction des engagés.

Le dernier bill des sucres est le complément du bill d'émancipation.

Si l'on renonce à contester le malaise, si l'on se résigne à avouer que la ruine des propriétaires est à prévoir, qu'elle peut même paraître imminente, que *l'émancipation anglaise a produit, économiquement, de mauvais résultats* (1), on continue à batailler sur la quotité du déficit des cultures. — Qu'importe la quotité? Le déficit fût-il d'un dixième, d'un vingtième, si le bénéfice du travail, si *le revenu net*, est représenté par ce dixième ou ce vingtième, la perte n'en sera pas moins totale et la ruine certaine. Mais la ruine du producteur.... c'est la misère de l'ouvrier!... Si l'on discute avec tant de persistance la quotité du déficit, c'est que la somme des produits est la mesure du travail, et la somme du travail celle du bien-être; c'est que la régularité du travail est la pierre de touche de la moralisation des masses..... Comment dire que *l'émancipation anglaise a magnifiquement, a noblement réussi*, sans soutenir que le travail n'a pas diminué, qu'il ne s'est que *déplacé?* et comment dire que le bien-être matériel des populations n'a pas diminué, s'est accru au contraire, sans soutenir que l'oisiveté n'a pas remplacé le travail journalier (2)?

Les renseignements sont contradictoires.... Eh bien! consultez les chiffres officiels. Ils deviennent significatifs s'ils sont expliqués; ils sont éloquents pour qui veut les comprendre.

La production du sucre (3) s'est partout développée par le progrès de l'agriculture et le perfectionnement de l'industrie.

(1) M. le comte de Montalembert, séance de la Chambre des pairs du 7 avril.

(2) *Id., ibid.*

(3) Le sucre, comme produit principal, est la base de toute argumentation sur les résultats de l'expérience anglaise. Il est bon de faire observer que toutes les productions dont l'agriculture est la source ont diminué dans la même proportion que le sucre. La diminution du café est constatée par les états de douane, et celle des vivres par une foule de déclarations et d'aveux.

Sans faire état de la progression presque incroyable qu'elle a suivie à Cuba et à Porto-Rico, parce que la plus grande part en doit être attribuée à la continuation de la traite ; à ne tenir compte que des colonies françaises, où la traite ne s'est pas faite, la progression a été dans le rapport de 75 à 90 depuis 1828, date de l'enquête qui a fait connaître que le sucre indigène était un concurrent sérieux du sucre exotique.

Les deux plus puissants mobiles se sont réunis dans les colonies anglaises :

L'élévation des prix (1),

La puissance des capitaux (2).

Les colons français n'ont eu qu'une cause d'excitation ; elle leur était commune avec les colons anglais. Ils avaient également, les uns et les autres, à rechercher, dans un plus grand développement de la production, l'équilibre des recettes et des dépenses, rompu, ici par la concurrence de la betterave et l'abaissement des prix, là par l'exagération des dépenses et malgré l'élévation des prix.

Le nerf de l'industrie manquait aux colons français : *les capitaux* que les colons anglais ont eus à profusion. Cependant la production a augmenté dans les colonies de la France, et elle a diminué dans les colonies de la Grande-Bretagne.

Les Anglais sont de tous les hommes du monde les plus actifs, les plus intelligents en affaires. Comment a-t-on pu croire qu'ils aient négligé de suppléer aux forces humaines, qui leur échappaient, par les forces mécaniques que leurs immenses capitaux mettaient à leur portée ? Le contraire est la vérité. Antigue, pour ne citer qu'un exemple, n'employait pas la charrue avant l'émancipation, parce que la population d'Antigue était exubérante, qu'elle dépassait les besoins du travail, qu'il fallait y faire tout à force de bras pour ne pas laisser les

____

(1) De 61 fr. 34 cent. à 120 fr. 83 cent. les 100 kilog., à l'entrepôt.

(2) Les 500 millions de l'indemnité.

ouvriers oisifs. Mais, sitôt l'émancipation, les conséquences en ont été prévues, et la charrue, partout introduite, a partout préparé les récoltes. C'est en suppléant aux bras par les machines qu'Antigue a pu conserver la somme de ses produits en perdant la moitié du travail de ses ouvriers (1).

500 millions ont été jetés dans le mouvement agricole et manufacturier des colonies occidentales. L'*engagement* a ajouté 50,000 ouvriers forts et valides aux 250,000 ouvriers affranchis par le bill de 1833 (2). L'imperfection des procédés de fabrication laissait une large voie au progrès de l'industrie ; la science l'avait tracée, et les succès de concurrents habiles invitaient à l'exploiter. Les plus fortes excitations, la nécessité d'échapper à la ruine, rien n'a pu galvaniser la production... : elle aurait dû tripler, elle a décru de moitié.

Les circonstances du fait en révèlent l'étendue ; la production a été réduite dans le rapport de 220 à 125, et l'on persiste à dire que le travail s'est *conservé* !... Pour se soustraire à la preuve, devenue évidente, on dit que le travail s'est *déplacé*.

Quel est le produit du *déplacement* ? où le chercher, où le trouver ? Les états de la douane le constatent-ils ? Non. Dans une si grave matière, on n'hésite pas à se fonder sur des conjectures, à s'étayer de renseignements contradictoires (3).

Les colonies occidentales, durant l'esclavage, produisaient

(1) Voir le rapport du comité de la législation d'Antigue, cité dans la dernière partie de la note (1), page 27, et le rapport de M. Hardrouyère, lieutenant de vaisseau, pour avoir une idée du petit nombre d'ouvriers travaillant chaque plantation. (*Revue coloniale* de novembre 1844, p. 396, et janvier 1844, page 98.)

(2) Voir la note 1 de la page 9.

(3) « Les noirs négligent la culture des vivres, et ce qui le prouve, c'est qu'il y a dans l'île (Trinidad) beaucoup moins de vivres qu'autrefois, et qu'on est obligé de tirer en grande partie du continent espagnol la subsistance de la population. »

(M. Burnley, déposition faite à la commission des affaires coloniales, Procès-verbaux, 3e partie, page 29.)

des vivres, du sucre, du café, enfin des denrées de consommation intérieure et des denrées d'exportation commerciale. Les premières répondaient aux besoins de la population, y suffisaient. Si le déplacement dont on argue était réel, quel eût été l'emploi, qu'eût-on fait de l'excédant de la production des denrées de consommation sur les besoins des consommateurs? Non, l'abandon successif de la culture des denrées d'exportation se résout tout simplement en une diminution considérable du travail agricole (1) ; et encore le travail irrégulier, insuffisant,

« C'est aujourd'hui la Guadeloupe qui, concurremment avec les Etats-Unis, fournit à la subsistance d'Antigue. » (Procès-verbaux du Conseil colonial de la Guadeloupe, novembre 1840, page 171.)

Cette assertion est confirmée par le rapport du comité de la législation d'Antigue, cité plus loin, dernière partie de la note page 27, et qu'on peutlire dans la *Revue coloniale* du mois de novembre 1844.

Les preuves abondent pour toutes les colonies; mais les deux citations ci-dessus suffisent pour établir qu'il y a au moins contradiction dans les renseignements relatifs *au déplacement du travail.*

(1) Les nombreuses acquisitions de terres, les *associations*, les exploitations en commun, qui devaient produire de merveilleux résultats, tout cela s'est évanoui; il n'en reste que le souvenir... et les villages libres.

Il y a aussi dans les colonies françaises des *free settlers*, c'est-à-dire des cases où s'établissent des familles d'affranchis; en voici le tableau :

« On verra une case bâtie auprès d'un arbre fruitier, entourée de quelques bananiers. Là vit une famille d'affranchis, c'est-à-dire un homme, sa concubine et les enfants de celle-ci. Ces individus, réunis par l'immoralité, croupissent dans la paresse, insouciants de l'avenir, qu'ils ne savent pas prévoir. Bientôt le cortége ordinaire de l'oisiveté envahit la case : les vices et la misère en font disparaître les habitants jusqu'au dernier. » (a)

On croirait relire la description que donne M. Schœlcher de l'habitation des citoyens d'Haïti.

(a) Cette note est tirée d'une des réponses dont M. le comte de Las Cases avait demandé la solution lors de son passage à la Guadeloupe en 1838.

que l'on parvient à obtenir à grand renfort de salaires exagé-
rés, n'est donné que par la génération qui a subi l'esclavage.
Si l'on est unanime sur un point, c'est pour reconnaître qu'il
n'y a rien à attendre de la jeunesse élevée aux écoles. Il est in-
contestable que le travail a diminué dans une proportion effrayante, et qu'il cessera avec la génération que l'esclavage y
avait façonné.

*Le travail diminue, la production décroît, le producteur se
ruine, mais le bien-être de l'ouvrier augmente.*

Il se pourrait à la rigueur qu'il en fût ainsi temporairement ;
mais, la ruine du producteur une fois accomplie, que devient
le bien-être de l'ouvrier ?

M. le duc de Broglie établit que le chiffre des importations,
décroissant de 1830 à 1833 (1), a toujours été croissant de
1834 à 1839 (2) :

1830. . . 71 millions.
1834. . . 65 millions.
1839. . . 99 millions (3).

Fallait-il se réjouir de cette progression si rapide (4) ? ne
témoignait-elle pas de l'imprudence avec laquelle les fonds de
l'indemnité étaient prodigués, de l'imprévoyance de l'émancipé

(1) Période d'esclavage.
(2) Période d'apprentissage.
(3) L'importation est ici donnée en chiffre rond. — Voir le *Rapport* de M. le duc de Broglie pour le chiffre exact, p. 43 et 44.
Quand on pense que l'exportation de la France dans ses quatre
petites colonies a atteint le chiffre de 64 millions, on s'étonne que
celle de l'Angleterre dans ses 18 colonies des Indes occidentales ne
soit pas plus considérable. Il faut qu'il y ait erreur ; c'est un doute
qu'il est peut-être utile d'émettre.
(4) La progression croissante des importations s'explique par
trois causes :
1° La masse de numéraire jetée tout à coup dans les colonies ;
2° L'emploi des économies de la période de l'esclavage, écono-

qui dépensait, sans souci de l'avenir, les épargnes de l'esclave (1)?

On s'explique par deux motifs que le chiffre le plus élevé des importations réponde à la période de l'apprentissage.

L'esclave était libre ; mais le maître n'en était pas moins obligé de subvenir à tous ses besoins.

Le travail de l'*employé* était obligatoire ; mais l'autorité de l'*employeur* (2) avait été annihilée, du moins son autorité morale était détruite ; il n'obtenait le travail que dans une limite qui suffisait à peine aux nécessités de la culture et de la fabrication, et force lui était de négliger, d'abandonner la culture des *jardins* (3).

L'*employé* était plus exigeant, la loi imposait de plus grands sacrifices à l'*employeur*, et celui-ci, ayant moins de faculté de les alléger par les ressources qu'il tirait naguère de sa propriété, demandait à l'importation métropolitaine ce qui lui manquait, tout ce qu'il lui fallait.

L'augmentation des importations de la métropole a-t-elle continué, s'est-elle maintenue après l'apprentissage, depuis que l'ouvrier est libre et non plus *apprenti*, depuis qu'il lui faut lui-même pourvoir à tous ses besoins ?

Les documents officiels constatent qu'il n'en est rien.]

mies que la commission des affaires coloniales (a) n'évalue pas à moins de 36 millions pour la seule colonie de la Jamaïque ;

3° L'exagération des salaires.

(1) Comme le fils de famille que la majorité légale dégage de l'utile surveillance de son tuteur.

Les économies des esclaves de la Jamaïque étaient évaluées à 36 millions de francs. — Voir la note n° 4, ci-dessus.

(2) Termes consacrés pendant l'apprentissage pour désigner l'ouvrier et le producteur.

(3) Les terrains consacrés à la culture des vivres.

(a) Procès-verbaux de la commission des affaires coloniales, 3ᵉ partie.

Les valeurs *déclarées* sont :

    1839 . . . . . . 99 millions de francs.
    1840 . . . . . . 89 millions   —
    1841 . . . . . . 62 millions   — (1).

Les importations ont repris, après l'apprentissage, le mouvement décroissant qui correspond à la réduction des exportations, de même que le bien-être de l'ouvrier a décru à mesure que le malaise du producteur a augmenté. Il n'en saurait être autrement. Les chiffres de la statistique officielle ne font que confirmer ce qu'indique le raisonnement, et ce n'est que la marche ordinaire des choses du monde matériel.

Dans l'*ordre moral*, l'émancipation anglaise a-t-elle donc *noblement réussi*? Oh ! alors elle serait absoute..... Mais comment se pourrait-il que de mauvais résultats économiques, dont la seule cause est la cessation du travail, fussent corrélatifs à de bons résultats sociaux? Depuis quand l'oisiveté serait-elle le véhicule de la morale ? — Veut-on dire que les enfants vont à l'école, que les adultes vont à l'église, et que chaque année offre à la statistique un chiffre convenable de mariages? Ces dehors, ces signes extérieurs, sont-ils donc ce qu'il faut rechercher ? Le moraliste s'en contentera-t-il, quand l'éducation des écoles (2) jette dans la société des prostituées

(1) Chiffres exacts des valeurs déclarées :
    1839. . . . . 3,986,598 L. st.
    1840. 3,574,879
    1841. 2,504,004
                  (*The Board of trade*.)

(2) Voici l'une des conclusions du rapport de M. le lieutenant de vaisseau de Lahardrouyère, transmis à M. le ministre de la marine par M. le contre-amiral de Moges :

« 2° La nature de l'instruction que la jeunesse puise dans les nombreuses écoles gratuites de la colonie a pour effet de la détourner des travaux de la culture et de la précipiter dans le vice. »

Le passage suivant est extrait du même rapport.

« Antigue possède une multitude d'écoles ; les affranchis s'emet des vagabonds, si le mariage mène à l'adultère? Les hommes ont-ils plus de probité et les femmes sont-elles devenues plus chastes?

Quoique la marche rétrograde soit plus rapide que ne l'avait été le mouvement progressif des Africains, la trace des efforts de la civilisation, pendant les trente années écoulées depuis l'abolition définitive de la traite, est encore apparente; mais le désordre moral se révèle, comme l'extinction du

pressent d'y envoyer leurs enfants. Malheureusement, l'instruction que ceux-ci y reçoivent leur inspire une haine insurmontable pour les travaux agricoles, qu'ils regardent comme humiliants; et ces sentiments sont encouragés par les parents. Lorsqu'ils sortent des écoles, se croyant trop savants pour aller aux champs, ils affluent dans les villes, où ils participent à tous les désordres, et deviennent les principaux agents des vols nombreux qui se commettent. Quant aux jeunes filles, la débauche et l'immoralité que déploient, à Saint-Jean même, celles qui sont encore sur les bancs, ne peuvent se comparer qu'à ce que l'on trouve au milieu des grands centres de civilisation. »

(*Revue coloniale*, numéro de janvier 1844, pages 98 et 99.)

Maintenant, M. le capitaine de vaisseau Layrle, qui, pendant 4 ans, a rempli la mission d'observer le résultat de l'émancipation anglaise :

« Que deviennent les jeunes gens au sortir de l'école?

» Je laisse les habitants d'Antigue répondre à cette question. Ils vous diront que ces demi-savants peuplent la ville, qu'ils participent aux désordres et aux vols, devenus fréquents depuis l'émancipation, et que c'est dans cette industrie, à peu près nouvelle dans les colonies, qu'ils trouvent leurs moyens d'existence.

» Mais, disais-je aux habitants, d'où proviennent ces jeunes prostituées qui le soir remplissent vos rues, couvrent vos quais, assiégent les voyageurs sur les portes de vos hôtels? A cela je n'ai jamais obtenu d'autre réponse que celle-ci : Elles sortent des écoles! »

(*Rapport* de M. Layrle, 4ᵉ publication du ministère de la marine, pag. 188 et suivantes.)

travail, par des faits positifs. Trop de témoins l'attestent, trop de documents officiels le constatent. La prostitution publique, inconnue naguère dans les colonies de l'Angleterre, encore ignorée dans les colonies de la France, s'est produite comme elle ne se retrouve que dans les grandes capitales de l'Europe (1). L'adultère (2), l'infantici-

(1) « Nulle part, dans les colonies, je n'avais trouvé les rues couvertes de filles, ou, pour mieux dire, d'enfants spéculant sur les avantages physiques.

» A la Barbade aussi la prostitution court les rues ; mais elle a quelque chose de moins hideux qu'à Antigue : elle est moins jeune. »

(*Rapport* du capitaine de vaisseau Layrle, déjà cité.)

« Les femmes, qui trouvent au sein des villes, où elles se retirent en foule, les moyens d'exister en se livrant à la prostitution, se refusent généralement à toute espèce d'occupations utiles, ne veulent plus contracter d'union légitime, et finissent souvent par abandonner leurs enfants ; en sorte que ces malheureux, que l'âge ou les maladies ont bientôt réduits au plus affreux dénûment, mourraient par centaines, si leurs anciens patrons ne venaient pas à leur secours. »

(M. le contre amiral Laplace, actuellement commandant la station des Antilles.)

(2) « Les noirs se marient pour satisfaire le ministre qui les exhorte, et pour les festins et les danses qui suivent la cérémonie, mais avec l'arrière-pensée de ne rien changer à leur façon de vivre, et de reprendre, dès le lendemain de leurs noces, le cours de leurs habitudes déréglées.............. Les femmes ne sont pas meilleures que les hommes ; elles partagent leurs goûts inconstants, et s'y prêtent de tout leur pouvoir.............. Oui, les ministres du culte font des mariages ; mais ils n'ont pas fait faire un pas à la moralisation. »

(*Rapport* du capitaine de vaisseau Layrle.)

M. Schœlcher constate ainsi qu'il suit la répugnance des noirs pour le mariage :

« Le mariage est presque une exception à Haïti........ — On vit
» dans un concubinage organisé. La fille unie de la sorte est ap-
» pelée *placée.* »

A Haïti, du moins, c'est le concubinage, et non pas l'adultère.

dé (1), l'ivrognerie (2), le vol et la rapine, portés à ce point que

(1) « Il est encore une plaie qui est la conséquence naturelle de ce que je viens de dire : c'est l'infanticide, et la pratique des femmes de la campagne de faire mourir l'enfant dans leur sein.

» C'est un crime nouveau dans les colonies que l'infanticide : sous le régime de l'esclavage, il était inconnu ; le nouvel état de la société, la misère des campagnes, les vices des villes, lui ont donné naissance. . . . .
. . . .
Aussi l'infanticide, qui n'était qu'en doute à Antigue, s'est-il montré dans toute sa réalité à la Barbade. »

(*Rapport* du capitaine de vaisseau Layrle.)

(2) « J'ai été effrayé, dit l'évêque catholique d'Agra (Trinidad), des rapports qui m'ont été faits par le clergé de mon église résidant dans les paroisses rurales sur l'excessive consommation du rhum. J'ai cru qu'il était de mon devoir de visiter personnellement les habitations, et de faire sentir à la population laborieuse le mal qui doit résulter de sa persévérance dans une habitude pernicieuse qui, à moins qu'on n'y mette ordre, la démoralisera et l'affaiblira tellement, qu'avant 10 ans elle sera incapable de travailler pour sa subsistance.

(*Rapport* de M. le duc de Broglie, pag. 314.)

« Sous l'esclavage et l'apprentissage, le noir, à la Trinidad, avait de l'éloignement pour le mariage, et il était enclin à l'ivrognerie. Eh bien ! l'état de liberté est venu se prêter à ses penchants, et lui donne la facilité d'y satisfaire. »

(*Rapport* du capitaine de vaisseau Layrle.)

« La grande majorité des travailleurs dépense en futiles amusements ce qu'ils ont gagné ; un très petit nombre d'entre eux achète des lots de terres, moins en vue de la production que du voisinage des villes et des lieux d'amusement. La plupart ont abandonné la culture, et *consomment des vivres provenant d'importation*.

Ce tableau, au reste, est plutôt adouci qu'exagéré ; nous épargnons la peinture de *l'ivresse* et de la passion du jeu, *qui sont des vices portés à l'excès*, et régnant généralement parmi la classe de couleur !

» Malheureusement on ne peut espérer que ces vices disparaissent

là où s'obtient le travail, il en est découragé (1), sont-ce les signes auxquels il faut reconnaître le *succès moral* du système

avec les derniers vestiges de l'esclavage, *car ils n'ont fait que s'accroître depuis l'émancipation.* »

(Extrait des *Annales maritimes et coloniales*, 1842, 2ᵉ partie.)

(1) « ...... Mais sondez la société; vous apprendrez que les fautes sont aussi nombreuses qu'autrefois......

» Les nouveaux citoyens, libres de suivre sans entraves leurs mauvais penchants, ont abandonné presque toutes les habitations sur lesquelles leurs familles étaient établies, et cela dans le seul but les uns de se livrer au vol et au vagabondage, les autres de s'établir sur les terrains domaniaux voisins des montagnes, où ils passent les jours à s'enivrer ou à dormir sous de mauvaises huttes, et les nuits à commettre toutes sortes de déprédations sur les propriétés des environs. Bon nombre se sont retirés dans les villes, et s'y livrent, pour subsister, aux plus coupables industries....... Les délits se sont multipliés avec une rapidité déplorable...... Le vagabondage, auquel se livrent la plupart des nègres émancipés, le vagabondage dis-je, *cette plaie des colonies britanniques*, a pris une effrayante extension. Il est la seule cause de mille délits, de mille crimes contre les propriétés et contre les mœurs...... La plupart des concessions restent en friche, et les cases sont devenues presque généralement des repaires de maraudeurs et de recéleurs...... Les lois contre la paresse, la déprédation et le vagabondage, se sont trouvées inexécutables, tellement le nombre des coupables est grand. »

(M. le contre-amiral Laplace.)

Nous terminerons par quelques extraits du dernier rapport du Comité de la législation coloniale d'Antigue, à la date du 20 juin 1844 :

« .... La colonie, pour sauver son industrie, telle qu'elle est aujourd'hui constituée, d'une dissolution prochaine, réclame d'abord des remèdes d'une application plus immédiate. Les opinions du Comité se sont partagées sur la question de l'insuffisance numérique de la population, question qui soulève en effet de nombreuses et réelles objections; mais il s'est trouvé complétement unanime

de transformation suivi par l'Angleterre? On s'étonne que des esprits élevés et des cœurs droits aient pu méconnaître

pour reconnaître qu'un nombre effrayant d'individus parfaitement propres au travail, et ne possédant aucun moyen reconnu d'existence, vivent aujourd'hui sans profession aucune et pourtant avec une certaine aisance, ne tirant uniquement leur subsistance que du pillage de la propriété d'autrui. Il y a donc impérieuse nécessité d'examiner si cet abusif état de choses résulte d'une mauvaise application des lois existantes, ou s'il n'y aurait pas lieu d'adopter de nouvelles lois plus sévères pour assurer à la propriété la sécurité qui lui manque. Sans cette sécurité, il n'y a pas d'ordre social possible. Mais, pour la rétablir parmi nous, nous n'avons d'autre ressource que de trouver quelque moyen légal de contraindre la population émancipée à remplir toutes les obligations qu'elle a contractées le jour où elle a été appelée à jouir de la liberté. Votre Comité ne se dissimule pas que ce but n'est pas facile à atteindre.

· » ....

» D'abord il est indispensable que le personnel de la police soit augmenté, afin que, dans chaque village, les magistrats et le chef de la police aient toujours au moins un ou deux hommes à leur disposition; nous aurons alors les éléments d'une force légalement constituée, prête pour toutes les circonstances, et nous pourrons mettre un terme aux déprédations de cette foule d'oisifs qui vivent aujourd'hui du bien des autres avec une parfaite impunité; impunité qui n'est rien moins que faite, on le conçoit, pour encourager le travail et rendre des bras aux ateliers. Il serait aussi de la plus grande utilité que la clause 14 de l'acte pour confirmer et amender les lois répressives des dégâts commis volontairement sur les propriétés fût exécutée dans toute sa rigueur. Il est reconnu que l'acte des contrats répugne en général aux travailleurs; cependant on en voit beaucoup qui continuent à souscrire des engagements de cette nature. Pourquoi? sans doute parce qu'ils trouvent dans cette position la facilité d'offrir un asile aux maraudeurs et de se rendre complices de toutes leurs rapines.

· » ....

» Le Comité regrette d'avoir à déclarer que la moralité de la classe émancipée s'améliore bien peu, malgré le zèle et les efforts perla corrélation nécessaire du résultat économique et du résultat moral, l'influence de la production sur la civilisation , oubliant ainsi que le travail régulier, source unique du bien-être matériel , élève l'intelligence , moralise les masses , et que l'oisiveté les mène toujours à l'abrutissement par la misère.

Le résultat actuel de l'*expérience* anglaise , le voici :

« La production des Indes occidentales va cesser, si on ne trouve un remède prompt, efficace, qui conjure leur ruine. »

C'est lord Stanley, l'auteur du bill d'émancipation , qui le confesse (1), et le rapport du comité d'enquête institué en 1842 par le parlement a confirmé la déclaration du ministre des colonies.

Le résultat ultérieur de l'expérience anglaise..., sir Charles Metcalfe l'indique :

« La conséquence de l'abandon de la production du sucre serait l'abandon des colonies par la race blanche, et cet abandon serait fatal à la race noire, qui n'est pas assez avancée en civilisation pour se suffire à elle-même (2). »

sévérants du clergé et des autres pasteurs. Les rixes fréquentes qui ont lieu aux veillées, aux danses, dans les maisons de jeu, réclament de la part de la police une surveillance et une répression sévères.

» ....

» Votre Comité, pour conclure, demande donc que tout ce qui , à Antigue, appartient à la portion honnête de la société, s'unisse étroitement pour réprimer les désordres commis par le reste de la population. Il lui semble que , dans la conjoncture présente, l'inertie n'est plus permise à personne, et que, puisque la propriété est menacée d'une ruine universelle, tout homme qui possède quelque chose a un devoir à accomplir, comme il a sa part de calamité générale à supporter. » (*Revue coloniale du mois de novembre* 1844, *pages* 397 *à* 399)

C'était surtout Antigue qu'il fallait citer, parce que là les résultats avaient été moins malheureux qu'ailleurs ; qu'Antigue avait été toujours offert en preuve du succès de l'émancipation anglaise.

(1) Séance de la Chambre des communes du 22 mars 1842.

(2) Déposition de sir Charles Metcalfe, ancien gouverneur de la

Le but qu'a atteint l'Angleterre est l'émancipation des esclaves. La France veut l'atteindre (1); mais le résultat du système anglais n'est pas celui que la France peut vouloir, s'il est tel que le constatent les aveux réitérés des hommes d'État de la Grande-Bretagne et les enquêtes ordonnées par le parlement; s'il est, dès à présent, la cessation du travail et la ruine de la propriété; s'il doit être, dans l'avenir, l'abandon du sol par la race européenne, le retour de la race africaine à la barbarie et au fétichisme (2).

Jamaïque, devant la commission d'enquête de 1842, instituée, sur la motion de lord Stanley, pour constater la situation des colonies occidentales.

Sir Charles Metcalfe, successeur de lord Sligo, fut chargé de l'exécution du bill du 28 août 1833. Arrivé à la Jamaïque dans les circonstances les plus critiques, il y ramena l'ordre par sa fermeté, et, par la sagesse et l'habileté de son gouvernement, il sut se concilier l'estime et l'affection de toutes les classes de la population.

(1) M. le ministre des affaires étrangères, séance du 4 mai 1844.

(2) « L'émancipation actuelle ou prochaine aurait pour résultat infaillible de ruiner la propriété, de détruire la sécurité de la race blanche, de la chasser du sol colonial. Ainsi ne pourrait plus être atteint le double but qu'il ne faut jamais perdre de vue dans l'œuvre de la transformation sociale des colonies : *conservation du travail au profit de la puissance et de l'industrie métropolitaine; amélioration morale et intellectuelle des Africains par le contact de la civilisation européenne.* »

(Conseil colonial de la Guadeloupe. Rapport de la Commission chargée de l'examen des trois systèmes d'émancipation proposés par la commission des affaires coloniales, 1840, pages 195-196.)

« Je ne juge pas si l'Angleterre a bien ou mal fait de procéder ainsi qu'elle l'a fait; mais ce qui est certain, c'est que, lorsque nous voyons que le dommage qu'elle en a souffert est immense, que la destruction de la race blanche dans ses colonies en serait la conséquence, il est impossible que nous songions à l'imiter. »

(Séance de la Chambre des pairs du 8 avril 1844, M. Mérilhou rapporteur de la Commission.)

SYSTÈME FRANÇAIS.

ABOLITION DE LA TRAITE. — PRÉPARATION : PROJET DE LOI DU 14 MAI 1844. — EMANCIPATION GRADUELLE. — TRANSFORMATION PROGRESSIVE.

1re PHASE. — *Abolition de la traite.*

Les colonies que la métropole avait recouvrées à la paix, épuisées par les révolutions, la guerre et la conquête, n'avaient plus qu'une population insuffisante de travailleurs. Le recrutement des ouvriers africains était pour elle une condition nécessaire de la rénovation agricole et industrielle.

La traite se continua par tolérance du gouvernement. Elle se ralentit dès 1828 aux Antilles et fut condamnée *législativement* en 1831.

« Déjà, en 1830, elle avait complétement cessé, parce que sa mission était accomplie dans les colonies françaises. La loi du 4 mars 1831, qui l'a définitivement abolie, a eu l'avantage d'arriver en son temps ; elle a été exécutée, elle a complétement atteint le but de sa création (1). »

2e PHASE. — *Préparation : projet de loi sur le régime des colonies.*

Le 14 mai 1844 le gouvernement a saisi le parlement français de la question de l'abolition de l'esclavage.

L'exposé des motifs du projet de loi, présenté à la Chambre des pairs par M. le ministre de la marine et des colonies, n'est que le développement de la motion de M. Buxton, amendée par M. Canning (2) :

« Il est expédient d'adopter des mesures efficaces pour amé-

(1) Procès-verbal du Conseil colonial de la Guadeloupe, volume de l'année 1840, page 178.
(2) 15 mai 1823.

liorer la condition de la population esclave dans les pays de la domination de Sa Majesté (1). »

Les mesures proposées par le gouvernement français sont calquées sur les mesures appliquées par le gouvernement anglais; elles se résument dans les quatre dispositions fondamentales des *ordres en conseil :*

Concession d'une journée par semaine et d'un terrain ;

Constitution légale du pécule et faculté du rachat ;

Limitation du pouvoir discrétionnaire et affaiblissement de la force morale du maître ;

Extension du patronage (2).

Le gouvernement veut que le *pécule* devienne *propriété*, que l'esclave puisse posséder *légalement* des meubles et des immeubles ; que la manumission individuelle, excitée, accélérée, par le *rachat forcé*, donne la solution du problème colonial.

En principe, le droit de propriété concédé à l'esclave est la négation de l'esclavage.

Conçoit-on, en effet, l'esclave acquérant, directement ou par l'intermédiaire d'un curateur, une créance hypothéquée sur l'immeuble de son maître et exerçant la saisie immobilière?

Conçoit-on l'esclave ayant en portefeuille des effets commerciaux, exerçant contre son maître la contrainte par corps et le faisant emprisonner ?

On peut concéder que ces conséquences *du principe* ne se produiront pas ; mais comment qualifier l'acte qui les légalise?

Le gouvernement a voulu sérieusement que l'esclave possédât ; que le *pécule*, devenu *propriété*, s'accumulât, grandît là où il existe, se constituât là où il n'existe pas. Que le but du législateur soit atteint, que l'*esclave* devienne *propriétaire*, et, sans s'arrêter aux conséquences *légales*, sinon *possibles*, que

(1) *Introduction au précis de l'abolition de l'esclavage,* 1840, page 4.

(2) *Id.,* page 18.

l'on apprécie les conséquences *probables* du principe, en tenant compte de l'effet moral de la nouvelle législation, des craintes qu'elle excitera, des espérances qu'elle ne réalisera pas.

La concession du droit de propriété a pour conséquence celle du droit civil. L'esclave n'en jouira qu'à titre de mineur émancipé ; il aura un curateur, et, s'il est dans les conditions de la minorité légale, il lui sera nommé un tuteur (1).

L'esclave chef d'une famille, fût-elle légitime, n'étant néanmoins qu'un *mineur émancipé*, ne saurait être appelé à la tutelle ni à la curatelle de ses enfants. Le maître sera, dans les circonstances ordinaires, le curateur ou le tuteur, selon le cas.

Il faut se maintenir dans l'hypothèse que la loi atteigne le but de sa création et que le *pécule* ne devienne pas fiction légale pour avoir été fait propriété ; que les inextricables difficultés du projet ne soient point insolubles ; que le personnel des curateurs et tuteurs ne manque ni à la curatelle ni à la tutelle ; que la chicane ne surgisse pas du droit nouveau ; que les innombrables formalités pour naissances, mariages, décès, testaments, enregistrements, mutations, etc., etc., soient réglées sans frais, c'est-à-dire aux dépens du trésor public ; que le pécule transformé en propriété, n'étant pas la proie du fisc, des greffes, des bureaux d'enregistrement, des tribunaux et des prétoires, ne soit pas non plus celle des notaires, des avocats, des avoués et des huissiers.

Le maître sera curateur ou tuteur *dans les cas ordinaires.*

S'est-on fait une idée exacte des obligations qu'on prétend

____

(1) Il faudrait s'entendre sur ces mots. La curatelle suppose la tutelle. Le curateur est d'ordinaire le surveillant, le contradicteur du tuteur. Qu'est-ce que le curateur sans le tuteur, *et vice versa* ? Quels seront les devoirs et les obligations du curateur et du tuteur ? On peut croire que, dans la pensée du législateur, les fonctions et la responsabilité seront identiques, que la dénomination seule sera changée suivant les cas.

ajouter à ses charges? Il a ses propres affaires et celles de sa famille. Il faut déjà que le propriétaire-colon soit, par la force des choses, tout à la fois agriculteur et industriel, magistrat et administrateur. Il faut qu'il soit encore vétérinaire, infirmier, quelquefois médecin, ingénieur, machiniste et fabricant. Il n'en est pas des colonies comme de la métropole. Ici chacun a sa spécialité, et tout se trouve pour de l'argent, se fait moyennant un salaire équitable ; là tout manque, l'argent n'y peut, et rien ne supplée à l'action directe du maître. Il soigne ses champs, ses plantations ses troupeaux, et les ustensiles de son agriculture. Il est le premier et le principal agent de sa fabrication. Il veille à l'entretien de ses machines et de ses appareils ; il en dirige presque toujours lui-même la construction et les réparations. Il surveille son hôpital, panse les malades, administre les remèdes ordonnés par le médecin, si l'éloignement ou l'absence de celui-ci ne l'oblige pas à faire lui-même la médecine. Il est réveillé la nuit au moindre accident et au moindre tumulte. Il règle les nombreux différends qui surgissent entre ses esclaves ; il est responsable de tout désordre moralement vis-à-vis la société, civilement à l'égard des tiers. Sa vie est toute de labeurs et de préoccupations, son temps et ses facultés y suffisent à peine.

Le propriétaire-colon, dont les soins, les tracas et les soucis, augmentent en raison du nombre de ses esclaves, à l'encontre du propriétaire métropolitain, dont les jouissances, la quiétude et le repos, sont en raison de l'étendue de ses propriétés (1), serait en outre chargé d'administrer cent, cent cinquante, deux cents petites propriétés mobilières ou immobilières!

Voudra-t-on, peut-on exonérer le maître de la responsabi-

(1) Les préoccupations inhérentes à la nature des propriétés coloniales ne sont pas exclusives des embarras inhérents à toutes propriétés. Les difficultés et les tracas ordinaires, qui surgissent du droit de propriété, sont les mêmes aux colonies que dans la métropole.

lité civile attachée à la tutelle et à la curatelle? Quand on le pourrait, et si on le voulait, comment soustraire le tuteur ou le curateur aux embarras de l'administration du pécule légal? Y a-t-on songé? S'est-on un moment mis à sa place, en présence de cette multitude de petits propriétaires, d'autant plus exigeants que le *droit* sera récent, et que l'exiguïté de la chose possédée en rendra la possession plus précaire; d'autant plus soupçonneux qu'ils seront dominés par l'idée fixe du rachat, en vue duquel ils voudraient thésauriser, et par la conviction que l'intérêt du maître le porte à l'incurie, le pousse à l'infidélité peut-être? Non. Le moyen d'échapper à ces tracas incessants, aux exigences et aux soupçons de cette multitude de pupilles mineurs ou émancipés, qui n'auront de l'enfance que la déraison et la mutinerie, est d'empêcher que la propriété se constitue au profit de l'esclave.....

Le juge royal, *dans les cas exceptionnels*, devra nommer d'office le curateur ou le tuteur chargé de la gestion du *pécule* devenu *propriété* de l'esclave.

Quels seront *les cas exceptionnels?* L'ordonnance royale en donnera-t-elle la nomenclature, ou confiera-t-elle aux tribunaux le droit d'en décider?

Le silence du législateur laisse toute liberté aux conjectures, autorise toutes les craintes.

Les *cas exceptionnels* seront-ils établis de telle sorte que l'intervention légale de tuteurs ou de curateurs étrangers à l'habitation soit fréquente?

La loi spéciale, la loi politique, se tait, mais le droit commun existe; et, à défaut de l'application du Code civil, ce sera la force des choses qui fera de l'exception la règle.

Les litiges que suscite le droit de propriété deviennent d'autant plus fréquents que les propriétaires sont en contact immédiat, que la propriété est plus rapprochée, qu'elle est moins distincte. Ainsi les litiges surgiront de maître à esclave, entre les esclaves de même atelier, et dans les familles. Le maître ne pourra remplir tout à la fois le rôle de demandeur et de défendeur ; il ne voudra pas, il n'osera peut-être pas prendre parti pour l'un contre les droits ou les prétentions de l'autre, dans une contestation judiciaire entre deux de ses esclaves ; il ne le pourra, il ne le voudra pas davantage quand le débat sera soulevé entre héritiers d'une succession ouverte. Ainsi les cas exceptionnels, aux termes de la loi, c'est-à-dire les cas qui autoriseront le juge royal à nommer des curateurs ou tuteurs d'office, seront les plus nombreux, deviendront *les cas ordinaires.*

Il faudra que le maître subisse incessamment, non seulement l'interposition du magistrat, juge du litige, mais encore l'intervention de tuteurs ou curateurs étrangers, qui pourront légalement s'immiscer dans les détails les plus plus intimes de l'administration de son atelier....; et encore quels seront ces tuteurs, ces curateurs *ad hoc?*

Les litiges toujours croissants ; l'action du magistrat, l'intervention des curateurs et des tuteurs, au détriment du pouvoir disciplinaire et de la paix domestique ; les tracas, les soucis augmentant comme le progrès du pécule ; le danger du rachat devenu plus prochain, plus pressant ; la désorganisation des éléments du travail, l'impuissance de produire, et, comme seul moyen de salut pour le maître préoccupé de la ruine de sa propriété, de la misère de sa famille, LA LUTTE, dans la limite de son droit abstrait, pour empêcher que l'esclave ne possède, pour amoindrir, pour annihiler le pécule..., tel est le projet de loi dans ses effets immédiats.

L'usage, en opposition formelle avec la loi écrite, a substitué *la journée à l'ordinaire.*

Le maître a l'obligation de fournir aux besoins de la vie matérielle de l'esclave, de le nourrir, de le vêtir, de le loger, de donner tous les soins que réclament l'enfance, la maladie et la vieillesse.

Les distributions de vivres qui se font chaque jour, ou pour la semaine entière, sont ce que l'on appelle aux colonies *l'ordinaire.*

Le Code noir avait formellement défendu de suppléer *à l'ordinaire* par une concession de temps et de terre.

La défense du Code noir fut renouvelée à diverses époques. Le maître en contravention au règlement qui prescrit la distribution journalière ou hebdomadaire des aliments nécessaires à la subsistance de l'esclave pouvait être traduit en police correctionnelle et condamné par les tribunaux.

L'usage abrogea, en partie, les prescriptions de la loi. L'usage prévalut parce que, dans la limite qui lui fut assignée, il était bon, utile, progressif, et que la loi, dans sa prescription absolue, était inintelligente, était contraire au progrès de la civilisation.

L'usage qui dispense le maître *de l'ordinaire*, à la condition de donner à l'esclave du temps et de la terre, ne s'applique ni aux enfants, ni aux esclaves invalides, ni aux vieillards, et quand, par des circonstances de force majeure, — un ouragan, une sécheresse prolongée, — le *jardin* (1) est improductif, le maître y supplée. Ce n'est pas seulement l'usage, c'est son intérêt, c'est l'humanité qui l'y oblige. Il en est de même quand l'insuffisance *du jardin* a pour cause une maladie, une absence, le marronnage ou la paresse.

Tel est *l'usage*, dit *système de la journée*, en opposition aux distributions hebdomadaires, dites *système de l'ordinaire*.

On est d'accord sur ce point que la substitution *de la journée à l'ordinaire* est un progrès, un pas considérable dans la voie de la transformation *utile* de la société coloniale. *Le système de la journée* oblige l'esclave à pourvoir à ses besoins par son travail, lui crée des habitudes d'ordre et de prévoyance, l'initie aux jouissances de la propriété.

L'intérêt réel du maître, conforme à l'intérêt bien entendu de l'esclave, exige le bon emploi de la journée concédée à celui-ci.

(1) Dénomination donnée à la Martinique et à la Guadeloupe au terrain concédé par le maître. Ce terrain s'appelle *abatis* à la Guyane.

Premièrement : C'est à la condition que le *jardin* soit productif que le maître est dispensé de nourrir l'esclave.

Secondement : Le bon ordre, la paix de l'atelier, tiennent à ce que tous les *jardins* soient également cultivés et productifs ; autrement les esclaves laborieux sont exposés aux dépradations de ceux qui n'ont pas travaillé.

On comprend aisément que la sollicitude du maître soit éveillée, que sa surveillance s'exerce avec activité sur cette partie essentielle de son administration domestique.

L'usage de la *journée* est générale à la Guadeloupe ; il tend à se généraliser à la Martinique ; il existe à la Guyane ; il ne s'est pas établi à Bourbon.

Le gouvernement voulait que le système de la *journée*, reconnu utile à la transformation sociale dont il se préoccupe, s'appliquât à toutes les colonies, se généralisât dans chacune d'elles : rien de mieux. Il était dès lors rationnel qu'il fît cesser l'empêchement légal renouvelé de nos jours par l'ordonnance de 1828.

Le conseil colonial de la Guadeloupe, dans l'avis qu'il donna en 1838 sur un projet d'ordonnance portant règlement du régime intérieur des habitations et du régime disciplinaire des ateliers, avait formulé, ainsi qu'il suit, l'article qui devait abroger la disposition contraire de l'ordonnance de 1828 :

« Lorsque, se conformant à l'usage qui a prévalu, le maître donnera une journée par semaine à son esclave pour lui tenir lieu de la nourriture fixée ci-dessus, il ne sera pas dispensé de lui fournir cette nourriture toutes les fois que, par une cause quelconque, l'esclave manquera de moyens suffisants de pourvoir à son existence. »

Le motif de cet article est, dit le rapport de la commission du conseil colonial, « que le maître doit toujours rester soumis à l'obligation de nourrir son esclave, lorsque celui-ci, par une cause quelconque, telle qu'un ouragan ou autre événement, se trouve hors d'état de le faire lui-même. Le législateur commettrait un acte de haute imprudence s'il déchargeait le maître du soin de veiller à la subsistance de l'esclave et d'y pourvoir (1). »

L'article du projet adopté (2) par le conseil colonial de la Guadeloupe, consacrant l'usage, effaçait la contradiction du fait et du droit ; il eût suffi, s'il ne s'était agi que de régulariser, de légaliser le progrès accompli.

Mais le projet de loi du 14 mai transforme le *pécule* constitué par tolérance du maître, en *propriété* légalement possédée par l'esclave. Les auteurs du projet ont prévu les conséquences nécessaires du changement qu'ils faisaient subir à la condition respective du maître et de l'esclave. Ils ont voulu, pour favoriser le *rachat*, et comme moyen d'émancipation graduelle, que l'esclave possédât, malgré l'intérêt pressant qu'allait avoir le maître à ce que l'esclave ne possédât pas ; ils ont cru que ce but serait atteint s'ils transformaient le *système de la journée*, comme ils avaient transformé le pécule de tolérance, s'ils concédaient à l'esclave, à titre de *droit*, ce qui n'était qu'un usage établi par la volonté du maître.

Une journée par semaine appartient désormais à l'esclave, de par l'autorité de la loi.

Quand la jouissance de la journée dépendait de la volonté du maître, il la réglait utilement pour l'esclave : son intérêt était garant de son équité. L'usage passé en droit présente tout d'abord de nombreux, de sérieux inconvénients pour le maître, à cause de certaines nécessités de la culture, de la fabrication, du soin des animaux et des devoirs de la domesticité, qui ne peuvent guère se concilier avec l'exercice du droit concédé.

Mais toutes les difficultés sont aplanies, toutes les impossibilités sont tranchées : l'esclave aura donc sa journée par semaine.

(1) Procès-verbaux du Conseil colonial de la Guadeloupe, session extraordinaire de 1838, pages 63 et 32.

(2) *Id.*, séance du 15 décembre 1838, page 348. Le projet d'ordonnance, amendé par le Conseil colonial, fut adopté à la majorité de 17 voix contre 4. Il est resté dans les cartons du ministère.

Ce n'était pas assez : il lui fallait un terrain, sans lequel la *journée* lui eût été inutile.

Le projet prend la terre du maître et la donne à l'esclave ; c'est logique, si non juste.

Quelle sera l'étendue du terrain concédé par la loi, et quelle en sera la qualité ? L'esclave retombera-t-il sous l'arbitraire du maître pour le choix et la limite du terrain ? Que devient alors la prétention de constituer la propriété, au profit de l'esclave, par la concession de la journée et malgré l'opposition du maître ? Le magistrat sera-t-il appelé à arbitrer le terrain en qualité et quotité ? Si le maître se refuse à l'arbitrage, s'il ne veut délivrer le terrain adjugé à l'esclave, vite une sanction, un délit, une loi nouvelle (1)!

L'habitation est petite, de peu d'étendue, et l'atelier nombreux. — Cela n'est pas une vaine supposition, le cas sera fréquent ; toute une commune de la Grande-Terre (Guadeloupe), et des plus productives, la commune de Saint-François, s'offre en exemple. — Le magistrat distribuera-t-il les terres à l'atelier de l'habitation, de telle sorte qu'il n'en reste rien au maître, ou qu'il ne lui reste plus le nombre d'hectares nécessaire à son exploitation ? On peut craindre que l'ordonnance ne parvienne point à trouver ces combinaisons diverses, ces mille compensations par lesquelles le maître parvenait à se conformer au système de la journée, avec avantages pour ses esclaves, et sans trop de préjudice pour son exploitation.

Les difficultés sont vaincues, l'esclave est en possession de la journée et du terrain.

Ce n'est pas tout.

Il faut changer chaque année le terrain, qui est bientôt improductif. Le magistrat devra-t-il procéder annuellement à une nouvelle répartition ?

(1) L'ordonnance royale n'y pourrait rien, à moins d'une délégation. Les dispositions de l'art. 2 de la loi du 24 avril, qui ont été conservées, réservent encore au domaine du pouvoir législatif métropolitain les *lois criminelles* concernant les personnes libres.

Ce n'est pas tout encore.

Le manioc est le principal produit des *jardins*, et la farine de manioc, — aux Antilles du moins (1), — est la base de l'alimentation et le principal revenu de l'esclave. Le manioc exige une véritable fabrication. Il faut une petite usine, des fourneaux, des ustensiles ; c'est le maître qui fournit tout cela. La loi entend consacrer *le fait*; elle change seulement *en droit* ce qui était facultatif, en obligation ce qui était volontaire. Le maître sera donc tenu de construire, d'entretenir la petite usine et les fourneaux, de fournir et de renouveler les ustensiles. L'ordonnance aura soin de commander, en outre, que le maître donne du bois ou de la bagasse pour alimenter les fourneaux (2).

Grâce à la puissance de la loi, et en vertu de l'ordonnance royale qui la commente, qui l'applique, qui l'étend, l'esclave entre en partage de la propriété du maître, possède un terrain suffisant, jouit d'une journée par semaine pour le cultiver, et d'une usine pour en manipuler les produits. Eh bien ! la loi et l'ordonnance n'auraient encore rien fait pour constituer ou grossir le pécule ; elles auraient tout au plus donné à l'esclave le moyen de se nourrir et de se vêtir, si l'esclave, si *tous les esclaves de l'atelier*, tenant désormais la journée, le terrain, l'usine, de la législation, et non plus de la volonté du maître, travaillent librement (3), retirent de la concession légale.

(1) A Bourbon c'est le riz.

(2) Quand le bois manque, comme dans la commune de Saint-François, déjà citée, le maître donne de la bagasse pour les besoins de son atelier. On sait que la bagasse est la partie ligneuse de la canne à sucre, et que c'est avec ce combustible que le sucre se fabrique.

(3) « Dans l'usage actuel, la journée des nègres est consacrée à la culture, mais sous la surveilllance immédiate du commandeur de l'habitation. Le travail de cette journée est en tout point réglé comme celui exigé par le maître. Les bons résultats obtenus aujourd'hui tiennent à la contrainte salutaire imposée à l'esclave,

de la journée et du terrain les avantages qu'ils doivent maintenant à la surveillance, à la sollicitude du maître. Il faudrait, pour constituer le pécule, que la loi accordât à l'esclave, outre la journée de chaque semaine, le nombre indéterminé de journées que le maître y ajoute selon les saisons et les circonstances atmosphériques, selon que la culture des jardins est plus ou moins avancée, selon les exigences plus ou moins pressantes de la manipulation du manioc. Il faudrait que l'ordonnance fît aussi préparer à la charrue tout ou partie des jardins, selon l'usage de beaucoup d'habitations dont les propriétaires, n'ayant plus de terre neuve à donner, font alterner le manioc et la canne à sucre. Il faudrait que l'ordonnance accordât à l'esclave la faculté de cultiver dans les champs de cannes les pois, les fèves, le grain, les patates, que le maître y tolère (1). Il faudrait que l'ordonnance donnât à l'esclave le

Auparavant, celui-ci employait sa journée comme il l'entendait. Cette faculté et l'absence de toute surveillance entraînaient de fâcheuses conséquences, et, par suite, imposaient de grands sacrifices aux propriétaires. Aujourd'hui les *jardins*, mieux cultivés, mieux entretenus, sont devenus plus productifs, et l'esclave en est plus heureux. Mais c'est à la contrainte, à la contrainte seule, que l'on doit de si bons résultats. Que la contrainte cesse, que la surveillance se relâche, les inconvénients, le malaise de l'atelier reparaissent : c'est ce que prouve l'expérience de chaque jour. » (Procès-verbaux du Conseil colonial de la Guadeloupe, séance extraordinaire de 1838, page 327.)

Il faut non seulement de la surveillance et de la contrainte pour obtenir que le *jardin* soit cultivé, mais aussi pour empêcher que les fruits n'en soient recueillis avant maturité, que *le blé ne soit mangé en herbe.* Pour s'éviter un moment de privation, pour satisfaire un caprice, le nègre sacrifie l'espoir de sa récolte. Sur ce point la surveillance du maître est parfois mise en défaut. Les nègres coupent en terre la racine du manioc (c'est le fruit) et laissent la plante debout. Le maître croit la récolte intacte : point, le nègre s'est volé lui-même.

(1) Le maïs se récolte au bout de 4 mois, les patates au bout de 3 mois, et les pois, dont les variétés sont très nombreuses, se récol-

droit d'élever la volaille en grand nombre que le maître lui achète; de s'emparer chaque jour des fruits du verger, des débris de la canne, des écumes, des résidus de la récolte, dont il engraisse ses porcs au détriment des mulets de l'habitation que l'on nourrit avec ces résidus. Il faudrait que l'ordonnance obligeât le maître à souffrir, dans ses troupeaux, les moutons, les vaches et leurs suites, dans ses savannes (1), les juments poulinières et les chevaux que l'esclave élève sans frais et presque sans soin, mais non sans dégât dans les cultures, et sans préjudice pour les récoltes (2). Il faudrait que l'ordonnance autorisât l'esclave à recueillir, le long des pièces de cannes, les pois d'Angole et la graine de palma-christi qu'il n'a point plantés, dont il se nourrit ou qu'il vend, dont il tire l'huile qu'il

tent de 40 à 70 jours. Ces diverses plantes ont le temps de produire avant que la canne n'ait couvert la terre, ce qui n'arrive guère qu'au bout de 6 mois. Elles gênent le développement de la canne et absorbent une partie de la puissance des engrais; mais le maître est toujours disposé à supporter un préjudice quand il y a profit pour l'esclave.

(1) Prairies.

(2) Un mouton, une vache, et surtout un cheval qui échappe à son gardien ou à son attache, qui se rue un instant dans une pièce de jeunes cannes, en dévore un grand espace, et la perte est irréparable. L'esclave en est quitte pour une réprimande ou une punition, selon le cas; jamais le maître ne lui retire la faculté d'élever des animaux, quelque préjudice qu'il en éprouve. Quand l'animal broutant ou ruminant a commis le dégât dans le *jardin*, au préjudice d'un esclave, une amende est prononcée en faveur de celui-ci.

C'est surtout l'élève du gros bétail et des chevaux qui fait le gros pécule. Un cheval de 5 à 6 ans vaut de 4 à 600 fr.; un bœuf de 4 ans vaut de 250 à 400 fr.; un mouton, de 30 à 60 fr.; un porc rapporte de 60 à 80 fr.

A la Guadeloupe les esclaves ont des moutons ou des porcs, chacun plusieurs moutons et plusieurs porcs; les laboureurs, charretiers et chef de bande, ont presque tous des juments poulinières et des chevaux, quelques uns au nombre de 3 et 4.

brûle dans son ménage, ou qu'il porte au marché du dimanche (1). Il faudrait que l'ordonnance rendît obligatoires les distributions journalières, hebdomadaires ou mensuelles, de sel, de vesou, de mélasse et de tafia, qui entrent pour une part importante dans l'alimentation de l'esclave, sans faire état des cannes à sucre dont la consommation est indéfinie, énorme (2). Il faudrait enfin que l'ordonnance pût découvrir ces mille canaux dont la source est dans la libéralité du maître et les empêcher de se tarir.

Pour que le pécule ne se constitue pas, ou, s'il est déjà constitué, pour qu'il s'amoindrisse et disparaisse, il suffit que le maître se croise les bras et laisse faire, qu'il cesse de contraindre au bon emploi de la journée, de veiller au respect de la propriété de chaque esclave (3). La contrainte cessant, quel-

(1) « Les esclaves ont plusieurs moyens d'augmenter leurs profits : ils élèvent des volailles, des porcs, des vaches et même des chevaux. Chez M. Douville (Sainte-Anne Guadeloupe) il y a un troupeau de 100 têtes de moutons appartenant à 6 nègres. D'autres libéralités des propriétaires adoucissent encore la situation des esclaves : lors de la roulaison (la fabrication du sucre), deux fois par jour chez certains habitants, à discrétion chez d'autres, chaque membre de l'atelier viendra prendre du vesou, liqueur exellente au goût et très nourrissante (c'est le jus de la canne).

» Beaucoup d'habitants prennent le soin de faire border les champs de cannes d'une haie de pois d'Angole, arbuste qui fournit en abondance, et toute l'année, une fève excellente. Les nègres ont droit de la cueillir, et chacun, au retour du travail, trouve le long du chemin, et presque en se promenant, de quoi faire un bon plat de légumes.

» Le colon joue ici le rôle que les hommes religieux donnent à la Providence, qui partout montre le bienfait, et cache le bienfaiteur.»

(*Des Colonies françaises*, par Schœlcher, 1843, pages 11 et 13.)

(2) « Ces distributions se font indépendamment de la concession de la journée et du terrain. »

(3) Voir la note 3, p. 41.

ques esclaves continueraient encore de cultiver convenablement *le jardin*, d'autres mollement, et le plus grand nombre ne travaillerait pas du tout (1) ; la surveillance cessant, ceux-ci pilleraient ceux-là. Le fait est constant ; il se produit dans les Antilles françaises, pour peu que le maître se relâche de son autorité ; il est devenu l'état normal des Antilles anglaises (2). Il en est ainsi partout dans le monde : les oisifs, les vagabonds, vivent du labeur d'autrui ; le frêlon se nourrit du miel butiné par l'abeille.

Le maître n'aura même pas à se relâcher volontairement, systématiquement, de la contrainte et de la surveillance que son intérêt bien entendu lui conseille. Le projet de loi y met bon ordre : il annihile l'autorité magistrale en même temps qu'il accorde désormais, à titre de droit positif, cette journée et ce terrain que l'esclave tenait naguère du bon vouloir du maître. Les juges de paix, les patrons judiciaires, auront-ils mission de contraindre à l'emploi fructueux de la journée ? des curateurs *ad hoc* seront-ils préposés à l'emploi utile des récoltes ? suppléeront-ils, les uns et les autres, à l'action incessante, active, intéressée du maître ? Les vols, les déprédations, seront punis. Le Code pénal des esclaves est du ressort de l'ordonnance qui déterminera le délit et la peine. Soit. Mais pendant que l'huissier verbalise, que le juge instruit, que le tribunal condamne, l'autorité publique devra-t-elle pourvoir à la subsistance de l'esclave qui aurait compté sans le vol, qui se reposait sur les fruits de son jardin pour sa nourriture du lendemain ? Sera-ce le maître auquel la journée en remplacement de l'ordinaire est imposée par la loi et la seule volonté de l'esclave ?

Ici nouvelles difficultés.

Le maître, dépouillé de son autorité, sera-t-il néanmoins responsable des faits de son esclave ? L'esclave qui a souffert des

(1) Voir la note 3 de la page 41.
(2) Voir la fin de la note 1, page 27, sur la situation d'Antigue.

déprédations de son camarade sera-t-il autorisé à intenter au maître une action judiciaire? Ces déprédations d'esclaves à esclaves du même atelier seront-elles une cause incessante de procès? Le maître sera-t-il tenu de réparer le dommage qu'il ne pourra plus empêcher?

L'ordonnance royale y avisera sans doute.

Si l'esclave, par suite de son inertie, ne peut suffire à sa subsistance avec sa journée et son terrain, le maître obtiendra-t-il du magistrat la rupture du contrat, sera-t-il autorisé à reprendre *la journée* en donnant *l'ordinaire?*

Mais alors que devient le pécule? Le but est manqué, le progrès est refoulé (1).

Le maître, dont le revenu baissera en raison de l'affaiblissement de son autorité, devra-t-il donner tout à la fois la journée, le terrain et l'ordinaire?

Mais à l'impossible nul n'est tenu.....

Ces nombreux détails ne sont pas puérils. Ils étaient nécessaires pour montrer comment le pécule *de tolérance* se constitue et grandit par la générosité du maître, et tout ce qu'il y a de difficulté, d'impossibilité à établir, à développer le pécule *légal*, dès que le *droit* de l'esclave heurte la volonté du maître, est opposé à son intérêt, lui suscite des embarras, lui devient un danger (2).

(1) « Les colonies ont suivi une marche progressive beaucoup plus rapide que celle parcourue par les nations de l'Europe. Il n'y a pas deux siècles que des noirs barbares, quelques uns même anthropophages, furent portés aux Antilles. Leur imprévoyance, leur apathie, obligeaient de les traiter en enfants. Il fallait les vêtir, leur donner une nourriture journalière. Par des améliorations successives nous sommes arrivés au régime actuel, qui est un partage de temps et de terre. C'est le principe de l'association qui s'est introduit parmi nous, et c'est une véritable révolution qu'il a opérée. (*Rapport* d'une commission du Conseil colonial de la Guadeloupe. Procès-verbaux de 1842, page 172.)

(2) Le projet de loi a pour but de constituer le pécule légal en

Les impatiences des partis, les influences politiques, se tiendront-elles satisfaites des effets lents que le gouvernement voudrait attendre de la loi qu'il demande? Déjà, sous prétexte d'encourager le rachat, le moyen de désorganiser rapidement le travail n'a-t-il pas été mis en lumière? Si ce n'est aujourd'hui par amendement au second projet de loi (1), ou demain, dans la discussion du budget de la marine, ce sera peut-être l'an prochain qu'une allocation du trésor public aidera au rachat des contre-maîtres, des chefs de bande, des esclaves les plus intelligents et les plus laborieux.

A défaut de l'action parlementaire, la concurrence industrielle n'y suffira-t-elle pas?

Les conséquences du projet de loi seraient aux colonies françaises ce qu'elles ont été aux colonies espagnoles (2), si les

vue du rachat forcé, et le rachat forcé en vue de l'émancipation sans charge onéreuse à l'état.

(Voir la discussion de la Chambre des pairs.)

(1) Projet de loi tendant à ouvrir au ministre de la marine et des colonies un crédit de 600,000 francs pour subvenir à l'introduction de cultivateurs européens dans les colonies et à la formation d'établissements agricoles.

(2) On s'est servi de l'exemple des colonies espagnoles comme arguments en faveur du pécule légal et du rachat forcé. Écoutons M. Victor Schœlcher, témoin oculaire, abolitioniste *pur :*

« Les nègres espagnols jouissent du droit de rachat. La loi a tout prévu pour combattre les obstacles que le maître y voudrait apporter.» (Page 340.) — « Ce sont là d'incontestables avantages, croirait-on; nullement : ils ont tourné au détriment des nègres. Afin d'*éviter le désordre que le droit de rachat peut jeter dans les ateliers*, les maîtres espagnols, par les mille moyens en leur puissance, empêchent les noirs de se faire un pécule, et c'est en vue surtout de les priver de leur grande ressource de bénéfices qu'ils ne leur donnent jamais le samedi. » (Page 341.) — (Des colonies étrangères et Haïti, par Victor Schœlcher, 1843.)

La discussion de la Chambre des pairs, en révélant la multiplicité des dispositions du droit civil qu'entraîne l'administration du *pécule*

circonstances étaient identiques, si d'ailleurs la marche des sociétés se conformait toujours aux règles de la logique. Mais non, ce n'est pas la logique, ce sont les intérêts et les passions qui gouvernent le monde social.

Fasse le Ciel que les colons n'écoutent que les voix amies qui les invitent à la modération, à la prudence ; qu'ils résistent aux sollicitations de l'intérêt ; qu'ils échappent à celles des passions ; qu'ils ne se laissent point égarer par le faux instinct de conservation qui leur criera de paralyser, d'arrêter les effets de la loi pour se soustraire à la ruine, pour sauver leurs familles de la misère!.....

Les prêtres français sont des apôtres de l'Evangile, et non des missionnaires méthodistes. De quelque haut que soient parties les excitations, ils n'oublieront pas qu'ils sont les continuateurs de celui qui a prêché aux *esclaves* la soumission, en même temps qu'il recommandait aux *maîtres* la mansuétude et la bienveillance. Leur mission est toute de paix ; leurs soins, leurs efforts, préserveront les colonies de la France des insurrections qui ont inauguré et qui ont terminé la seconde phase de l'expérience anglaise (1). Mais, l'ordre matériel conservé, l'ordre

devenu *propriété*, a fait jaillir la lumière sur la situation des colonies espagnoles : si ces dispositions relatives à l'exercice du droit de propriété n'ont jamais été prises, n'ont jamais été appliquées dans les colonies espagnoles, c'est la preuve irréfragable que le droit y est resté *lettre morte*.

Que l'on veuille prendre la peine de consulter les délibérations des quatre conseils coloniaux en 1836, 1838 et 1840, sur le pécule légal et le rachat forcé, on y verra dominer cette considération : l'existence du pécule est utile, soit que l'on se place au point de vue de l'intérêt du maître ou au point de vue des progrès de la civilisation de l'esclave ; il faut s'attacher à développer le pécule, et dès lors se refuser à le constituer, parce que le *droit* détruirait le fait.

(1) Révolte de 1823 à Démérary, de 1824 et de 1831 à la Jamaïque.

On argue de ce que l'ordre n'a pas été troublé à la promulgation

moral sera détruit ; s'il n'y a pas de secousses violentes, l'ébranlement continuel n'en fera pas moins crouler l'édifice.

3ᵉ Phase. — *Emancipation graduelle.*

La commission de la Chambre des pairs, dans une pensée de sollicitude pour les grands intérêts qui se rattachent à la question coloniale, et de bienveillance pour les colons de race européenne, a essayé de substituer un projet *d'amélioration* au régime de *préparation* annoncé par l'exposé des motifs de M. le ministre de la marine. Elle avait proposé quelques dispositions accessoires pour atténuer les inconvénients que lui avait révélés l'examen du projet. Les garanties qu'elle croyait donner aux propriétaires d'esclaves pouvaient paraître sérieuses aux législateurs de la métropole, étrangers au mécanisme social des colonies. La lutte a été vive entre les abolitionistes *impatients*, et ceux qui, tendant au même but, étaient moins pressés de l'atteindre. Le projet d'amélioration présenté par la commission n'a pu résister aux attaques de la tribune. La lumière a jailli des débats, et il a été bien compris qu'il s'agissait de procéder, *par émancipation graduelle,* à la solution du problème colonial.

Le projet de loi adopté par la Chambre des pairs ne diffère de celui du gouvernement que dans la forme. Le rapporteur de la commission, l'honorable M. Mérilhou, a loyalement qualifié le système nouveau de *position intermédiaire* entre les abolitionistes *purs* (1) et les abolitionistes *tempérés* (2).

Il faut savoir comment les forces productives sont réparties, pour apprécier les conséquences probables et comprendre les

---

du bill du 28 août 1833. Quelle eût été la cause du désordre et de la révolte ? Les hommes s'irritent-ils donc quand ils obtiennent tout ce qu'ils désirent ?

(1) M. le comte de Montalembert dans la discussion générale.

(2) M. le général Cubières, id.

effets possibles de la nouvelle législation. Les ouvriers dont dispose chaque producteur suffisent à peine aux besoins de la culture et de la fabrication. Le nombre en est limité au nombre d'esclaves dont se compose chaque atelier. Nul moyen de remplacer l'ouvrier que le rachat enlèvera au travail de l'habitation (1); dès lors il est facile de prévoir ce qu'il adviendra de l'affranchissement *forcé* de quelques esclaves, de quelques uns des contre-maîtres d'une fabrique. Il n'est pas nécessaire que beaucoup d'esclaves se rachètent; il suffira que quelques uns usent de la faculté de rachat pour paralyser le travail, arrêter la production. Telle ne saurait être la volonté du gouvernement. Il ne croit pas que l'antagonisme et la lutte surgissent du projet qu'il a soumis à la sanction législative. Il pourrait se tromper; mais il prendra sans doute des mesures efficaces pour empêcher que le désordre moral ne conduise au désordre matériel. Dans l'hypothèse que l'application de la loi n'ait aucune des conséquences extrêmes qu'appréhendent les colons, toujours est-il que le pécule légal est institué pour faciliter le rachat, que les droits nouveaux conférés aux esclaves surexciteront le désir de l'affranchissement, qu'une voie plus large sera ouverte à la manumission individuelle.

Le projet de loi, restreint au seul effet matériel qu'entend lui assigner le gouvernement, augmentera le nombre des affranchis : c'est la marche actuelle; elle ne serait qu'accélérée.

Il importe de regarder où mène la voie qui se continue et s'élargit.

Tout ouvrier passant de l'esclavage à la liberté est un élément perdu pour le travail. Le fait est constant; il se produit

---

(1) « Quand le producteur sera certain de remplacer par un ouvrier libre l'esclave qui se rachète, alors la constitution légale du pécule avec droit facultatif de rachat n'entraînera aucun inconvénient; mais alors le temps sera venu d'abolir l'esclavage. »

(Conseil colonial de la Guadeloupe, procès-verbaux de novembre 1840, page 185.)

également, que l'esclave ait été libéré par rachat ou par concession. Ainsi, avec *les faits actuels*, qu'il faut bien admettre, toute mesure qui facilite la manumission tend à détruire le travail.

L'ordonnance du 12 juillet 1831 a déjà encombré les villes de 40,000 prolétaires oisifs (1)! Le PAUPÉRISME......., est-ce donc le progrès?

(1) Un des effets certains du projet de loi sera d'augmenter « la profonde misère de cette foule de nouveaux affranchis que leur oisiveté condamne à vivre des miettes tombées de la table d'autrui. » (Le directeur de l'administration intérieure, Conseil colonial de la Guadeloupe, séance du 8 juillet 1842.)

TRANSFORMATION PROGRESSIVE.

Quelquefois il est donné aux mots une valeur spéciale, distincte de leur signification grammaticale. *Graduel* et *progressif* ne sont nullement synonymes. Cependant on y attache la même interprétation dans la question coloniale; ainsi des mots *transformation* et *émancipation*. Il est moins futile qu'on ne peut le croire de s'en expliquer, car c'est à l'aide de cette confusion de mots qu'on se donne l'avantage de condamner les colons. Ils ne veulent pas de l'*émancipation* simultanée : donc il repoussent la transformation, ils prétendent à l'immutabilité, ils rèvent le *statu quo*. Ils se refusent à l'émancipation *graduelle* : donc ils sont ennemis du progrès social.

Transformer, c'est changer la forme. *Transformation sociale* signifie, quant aux colonies, *changement* des conditions du travail, *substitution* du travail volontaire au travail obligé.

Emanciper, c'est libérer du travail obligatoire, le détruire ; c'est ruiner la propriété en faisant cesser la production : émancipation signifie uniquement *destruction*, dans l'acception du mot appliqué aux colonies.

L'émancipation *graduelle* n'est donc que la destruction *successive*, tandis que la transformation *progressive* serait le changement de la forme du travail par le progrès social.

Les colons ne demandent pas mieux que de *transformer*, ils se refusent à *détruire*. Là est le débat, ainsi doit se comprendre la résistance des colonies.

On semble croire à un mauvais vouloir systématique : il faut vaincre ce que l'on qualifie l'*entêtement* des colons, et le moyen est de tout désorganiser...., dans l'espoir sans doute qu'ils s'ingénieront à tout réparer.

Depuis quinze ans on suit le système anglais : l'*émancipation graduelle*, qu'on intitule période de préparation, situation intermédiaire, système de transition. M. le comte Beugnot était fondé à dire que l'on n'avait cessé de *détruire*, et il a dû s'étonner que M. le ministre de la marine, — mieux informé, — l'ait arrêté, pour lui apprendre que la destruction n'était pas arrivée à ce point qu'il fallût prononcer le mot fatal : *Il est trop tard.*

Pour le besoin de la thèse que l'on soutient, on s'exagère la désorganisation, les dangers de l'embauchage et de la guerre. Toutefois, la situation des colonies est difficile, et le gouvernement a cru qu'il y avait *urgence*, qu'il était de son devoir d'aviser au plus tôt. La voie de l'émancipation était ouverte : il s'y est engagé plus avant.

Ce n'est pas à dire qu'il fallût revenir sur les pas déjà faits : rétrograder est parfois périlleux et souvent impossible. Le travail obligé diminuait par l'affranchissement successif ; l'esclavage, se démembrant, aurait cessé, par la force des choses, dans un temps donné. Il y avait à se préoccuper de le remplacer, et point de le détruire.

Organiser le travail de concurrence pour préparer utilement l'émancipation des esclaves, constituer le travail salarié pour résoudre le problème colonial, telle serait la voie de salut (1). L'exemple des sociétés européennes que la marche progressive de la civilisation a tranformées, l'expérience des sociétés américaines que la puissance rapide de la loi a émancipées, montrent que cette voie est la seule qui soit sûre (2).

(1) La Commission de la Chambre des pairs a sans doute voulu l'indiquer : l'article 16 du projet adopté par la Chambre est un premier jalon.

Le projet de loi présenté à la Chambre des députés par M. le ministre le 22 avril, relatif à l'introduction des travailleurs européens et à la formation d'établissements agricoles, semble annoncer qu'un premier essai d'organisation du travail salarié sera tenté.

(2) Les colons sont arrêtés au premier pas qu'ils veulent y faire. L'établissement des usines centrales, la séparation de la culture et de la fabrication, sont au nombre des moyens reconnus les plus efficaces.

« Les travaux de la fabrication pourraient être exécutés par des hommes libres. Nous procurerions du travail à une classe qui aug-

Il est trois conditions que toute société doit accomplir pour que le travail salarié se constitue.

Premièrement : une population suffisante d'ouvriers ;

Deuxièmement : la volonté ou la nécessité d'accepter le travail ;

Troisièmement : le taux du salaire en rapport avec les besoins de l'ouvrier et la faculté du producteur.

1re CONDITION. — *Une population suffisante de travailleurs.*

Il faut, pour produire avec économie, que le travail soit obtenu avec certitude et régularité, que le salaire satisfasse à tous les besoins de l'ouvrier, sans néanmoins s'élever au point de rompre l'équilibre entre les recettes et les dépenses du producteur.

La population esclave satisfait à peine aux nécessités de la production ; elle y suffit néanmoins, parce que l'esclavage, quelque opinion qu'on en puisse avoir, est une forte organisation du travail. Il faut songer, en vue de la transformation future, à suppléer à la force de l'institution par le nombre de la population.

Le recrutement appelé immigration ou engagement se présente comme *moyen.*

Le choix des engagés n'est pas indifférent. S'ils étaient moins avancés en civilisation que les esclaves, il serait à crain-

mente tous les jours, qui deviendrait un élément de prospérité au lieu d'être un sujet d'embarras. Ce serait le plus *puissant* et peut-être *le seul moyen* de commencer son initiation au travail. Associés à l'agriculture pour une œuvre commune, ils finiraient peut-être un jour par s'identifier avec elle. »

(Rapport de Commission adopté à l'unanimité. Conseil colonial de la Guadeloupe, année 1842, procès-verbaux, page 173.)

L'établissement des usines centrales, la séparation du travail agricole et du travail manufacturier, exigent des capitaux, de gros capitaux. Qui oserait engager sa fortune dans les colonies, au moment où tout y serait incertitude et danger ?

dre que l'immixtion d'un nouvel élément de barbarie ne de-
vînt une cause de perturbation morale.

A ce point de vue, les travailleurs de race blanche seraient
préférables aux engagés asiatiques ou africains. Ils offri-
raient, en outre, l'avantage très important d'affaiblir les dangers qui peuvent tenir à la disproportion des races.

Mais l'acclimatement est difficile, chanceux ; les conditions
hygiéniques sont dispendieuses. L'Européen consomme plus
et des aliments plus succulents que l'Asiatique ou l'Africain.
Le vin, le pain, la viande, lui sont indispensobles, comme
base de l'alimentation dans les pays chauds. Il lui faut plus de
vêtements, plus d'espace et plus d'air dans le logement. Le
salaire serait excessif, et la suspension fréquente du travail,
pour cause de maladie, ajouterait à la dépense le grave inconvénient de l'irrégularité. Peut-être faudra-t-il restreindre
le concours des ouvriers blancs aux emplois de contre-maître,
en faire plutôt des surveillants et des *moniteurs* que des travailleurs.

Les Chinois et les Indiens sont éloignés ; les Africains sou-
lèvent des objections.

Il y aurait à compter les frais du double voyage, le salaire,
la perte des avances par suite de la mortalité toujours nom-
breuse des *immigrants*, et de la rupture toujours fréquente
des *contrats*.

A côté de l'*immigration*, comme moyen d'accomplir la condition de population, se place l'appel des affranchis au travail
agricole et manufacturier.

Si l'immigration est une simple question d'argent, le travail spontané et régulier des affranchis en est une de moralisation, de civilisation, et celle-ci n'est pas la moins difficile à
résoudre.

Certes on ne peut espérer que les affranchis répondent en
masse à l'appel du producteur. Non, ils ne reprendront pas
tous et immédiatement le joug pesant du travail, alors que
d'impérieuse nécessité ne les y contraint pas. Mais ce qui ne
peut s'attendre de la classe entière s'obtiendrait individuel-

lement. Il est possible que les affranchis, en petit nombre d'abord, acceptent le travail des manufactures, celui de la fabrication, la coupe des cannes (1), puis enfin la culture des terres ; qu'ils consentent à se louer individuellement comme raffineurs, laboureurs, charretiers, et enfin comme agriculteurs. Il s'agirait de constituer un noyau de travail volontaire autour duquel viendraient se grouper successivement les éléments qui se détacheraient de l'esclavage. Le travail salarié, en se développant, absorberait le travail esclave ; la substitution d'un régime à l'autre, la transformation *progressive*, se ferait sans secousse et sans perturbation.

2ᵉ CONDITION. — *La volonté ou la nécessité d'accepter le travail.*

La marche progressive de la civilisation fait naître la volonté, la nature ou la loi impose l'obligation de se soumettre au travail.

L'éducation morale et religieuse, l'action législative et l'autorité de l'exemple, concourent au progrès de la civilisation. La tâche est dévolue aux prêtres, par des exhortations évangéliques ; aux magistrats, par la judicieuse application des règlements ; au législateur, par la fondation d'un centre de production où le salaire, fruit du labeur de l'ouvrier, montrerait à tous le bien-être, l'aisance, les jouissances qu'il procure (2).

La nature, entre les tropiques, n'impose l'obligation du travail que dans une limite insuffisante. On sait qu'une journée bien employée fournit aux besoins de la semaine. La loi peut y suppléer. Des règlements répressifs du vagabondage sont urgents ; il les faut non seulement pour le maintien de l'ordre public, comme dans la métropole, mais encore pour contraindre au travail, pour chasser les paresseux des villes, où ils croupissent dans l'oisiveté, pour les repousser vers le travail des champs et des manufactures.

(1) C'est à ce point qu'en sont les Yvaros à Porto-Rico.

(2) Le projet de loi du 19 avril, déjà cité à la note (1) de la page 53 semble promettre à cet égard une heureuse initiative.

La loi peut demander des garanties à l'affranchissement dans l'intérêt de la société, en vue de la conservation du travail. Non qu'il faille tenter d'y mettre obstacle : des mesures restrictives resteraient sans efficacité, parce qu'elles seraient forcément éludées.

3e Condition. — *Le taux de salaire en rapport avec les besoins de l'ouvrier et la faculté du producteur.*

La solution du problème colonial tient surtout à la prospérité de la production, car la condition *sine qua non* du salaire est que le producteur ait la possibilité de l'acquitter (1).

Toute amélioration de la culture ou de la fabrication qui augmente la production, en élève ou en diminue les dépenses, fait donc nécessairement, essentiellement partie de la transformation *progressive* (2), par cela seul qu'elle donne au producteur plus de facilité de payer le salaire.

Le travail ne se conserve que s'il est productif, et le salaire varie en raison des avantages de l'exploitation.

Les *maximum* et les *minimum* fixés par la loi n'y peuvent

(1) A ce point de vue, il est impossible de contester ce qui suit :

« Il y a une vérité qu'on ne saurait méconnaître : l'émancipation sera d'autant plus facile, la transition d'un état à l'autre d'autant plus paisible et plus courte, que les propriétaires du sol seront plus riches. Tout devient difficile si l'émancipation s'opère au milieu de leur gêne, tout devient périlleux si elle s'opère au milieu de leur ruine. Il n'y a qu'une société coloniale prospère qui puisse aisément supporter le passage de la servitude à la liberté. »

(Rapport de M. de Tocqueville, pages 22, 23.)

(2) L'établissement des usines centrales est donc le plus grand pas que puissent faire les colons dans la transformation *progressive*, c'est-à-dire *pacifique, utile, fructueuse*, par voie d'*organisation préalable du travail salarié*.

Les colons qui ont visité la France savent que leur agriculture n'a guère à envier à celle de la métropole. Ce n'est pas qu'il n'y ait des progrès possibles, mais ils seraient sans grande portée. Il en est tout autrement de la fabrication du sucre.

rien : ils ne sauraient faire obstacle aux conventions des parties ; ils n'arrêteraient pas l'exagération du salaire si l'offre du
travail excédait la demande ; ils ne seraient qu'une entrave
sans résultat, qu'une inutile déviation au droit commun ; ils
repousseraient l'ouvrier *libre*, qui ne peut être *contraint*,
qu'il faut persuader. Le salaire réglé en *maximum* et *minimum*
n'est admissible qu'avec l'obligation *légale* du travail. La difficulté n'est pas dans le prix de la journée, sous l'empire d'un
régime *intermédiaire*, d'un apprentissage comme celui de
l'émancipation anglaise : elle est ailleurs (1). Le but que l'on
doit se proposer est d'obtenir le travail volontaire, *de constituer le travail de concurrence*, et non un nouvel esclavage avec
une autre dénomination.

Tant qu'il n'y a qu'à faire appel à l'ouvrier libre et que le
travail volontaire n'est qu'auxiliaire, il est possible que le taux
du salaire se tienne dans une certaine mesure d'élévation. L'é-
lément principal de production étant l'ouvrier esclave, le salaire n'est encore qu'un faible accessoire des dépenses. C'est
tout le contraire quand le travail de concurrence devient le
seul ou le principal élément de la production ; le salaire en est
alors la charge la plus lourde, et l'exagération du salaire en
est la ruine. Le système *progressif*, la transformation successive
des conditions du travail, permet d'attirer l'ouvrier *libre* par
des salaires élevés, et de se confier à la concurrence pour les
réduire avec l'augmentation *progressive* du nombre des travailleurs salariés.

Il résulte de tout ceci qu'il est nécessaire que la production
soit excitée, qu'il y ait intérêt à beaucoup produire, de telle
sorte que le producteur, après avoir employé les éléments de
travail dont il dispose, soit fortement poussé à chercher, à
trouver de nouveaux travailleurs. Il les appellera de l'étranger
par l'engagement, ou les tirera de la classe des affranchis par

(1) Ce n'est pas l'exagération des salaires qui a fait cesser l'apprentissage, car les *employeurs* n'avaient rien à payer aux *em-
ployés*, à titre de salaire, pour les 45 heures de travail que ceux-ci
devaient par semaine.

l'appât d'un haut salaire; il usera avec énergie de toute son action, dans le cercle de son influence personnelle, pour les décider à l'accepter.

Les difficultés sont grandes, il eût été puéril de les dissimuler. Elles ne sont pas moindres avec le système de l'émancipation simultanée ou graduelle. Après l'émancipation, le problème reste tout à résoudre, car il consiste surtout à organiser le travail de concurrence.

Il faut le reconnaître :

La transformation sociale est une question de population ;

La transformation sociale est aussi une question de civilisation ;

La transformation sociale est enfin une question d'économie politique ;

Mais l'œuvre de la transformation est ardue, et le temps en est l'élément indispensable.

De bonnes lois économiques préparent la transformation *progressive*, en accélèrent l'accomplissement et le succès. La stabilité des lois organiques en est la condition : le progrès n'est possible que tout autant qu'il y a confiance et sécurité.

Les *ordres en conseil* du gouvernement britannique *préparèrent* la transformation des colonies à esclaves, comme le marteau qui démolit *prépare* la reconstruction. La proclamation du principe de l'émancipation, en 1831, frappa le dernier coup ; deux années ne s'étaient pas écoulées, que l'abolition de l'esclavage fut forcément, violemment amenée.

Si les pouvoirs politiques de la France entendent procéder, tout à la fois, par la déclaration *d'urgence* du 15 mai 1843, la proclamation *de principe* du 12 mai 1831, les ordres en conseil du 2 novembre 1831 et l'abrogation des garanties de la loi organique du 24 avril 1833 (1), on peut craindre que la seconde phase du système anglais ne laisse même pas aux co-

______

(1) *Loi concernant le régime législatif des colonies :* c'en est le titre. Elle fut qualifiée *Charte* par ses auteurs, sans en excepter un seul.

lons français le répit qu'ont eu les possessions britanniques.

L'imitation du système anglais est flagrante : même voie, même tendance, mesures d'application, moyens de coaction, rien n'y manque. Le régime intermédiaire ne sera-t-il pas caduc (1) dans les colonies françaises, comme il l'a été dans les colonies anglaises? L'émancipation graduelle du projet de loi du 14 mai ne mènera-t-elle pas rapidement à l'émancipation complète (2) ?

Les colonies anglaises furent protégées par leur charte contre l'impatience du parti abolitioniste. La période de préparation se prolongea durant dix années, grâce au respect de l'Angleterre pour la loi constitutionnelle, qu'elle soit métropolitaine ou coloniale. La proclamation du *principe* rendait toute résistance inutile; néanmoins une transaction devint nécessaire: elle fut proposée et *acceptée*. L'Angleterre acheta 500 millions de francs le droit d'abolir l'esclavage dans les Indes occidentales et à Maurice. La France imitera-t-elle l'Angleterre jusqu'au bout? Croira-t-elle au dessous de sa dignité de transiger, d'acheter le droit, quand sa puissance le lui donne ? Que sera-t-il de l'*indemnité?*...

Imiter l'Angleterre n'est point éviter *les fautes qu'elle a commises* (3). Il faudrait, *pour faire mieux que l'Angleterre* (4), commencer comme elle a voulu finir.

---

(1) « Tout régime intermédiaire est infailliblement caduc. »
(M. Rossi, procès-verbaux de la Commission des affaires coloniales, page 112.)

(2) « Toute émancipation graduelle a pour effet de mener par un chemin fort court à une émancipation complète. »
(M. de Tocqueville, rapport sur la proposition de M. de Tracy, page 15.)

(3) M. Guizot, *Moniteur* du 5 mai, discussion sur la pétition des ouvriers de Paris.

(4) M. Guizot : « Nous y arriverons (à l'émancipation des esclaves) à des conditions *meilleures* que ne les a obtenues l'administration anglaise. »

www.ingramcontent.com/pod-product-compliance
Lightning Source LLC
Chambersburg PA
CBHW051624060726
47597CB00004B/1425